华章图书

一本打开的书,一扇开启的门,
通向科学殿堂的阶梯,托起一流人才的基石。

www.hzbook.com

序列式运营

引爆成交的社群运营新模式

老壹 陈栋 ◎ 著

机械工业出版社
China Machine Press

图书在版编目（CIP）数据

序列式运营：引爆成交的社群运营新模式 / 老壹，陈栋著 . —北京：机械工业出版社，2020.10

ISBN 978-7-111-66771-1

I. 序… II. ①老… ②陈… III. 网络营销 IV. F713.365.2

中国版本图书馆 CIP 数据核字（2020）第 198668 号

序列式运营：引爆成交的社群运营新模式

出版发行：机械工业出版社（北京市西城区百万庄大街22号）	邮政编码：100037
责任编辑：孙海亮	责任校对：李秋荣
印　　刷：三河市东方印刷有限公司	版　　次：2021年1月第1版第1次印刷
开　　本：170mm×230mm　1/16	印　　张：14.25
书　　号：ISBN 978-7-111-66771-1	定　　价：69.00元

客服电话：（010）88361066　88379833　68326294　　投稿热线：（010）88379604
华章网站：www.hzbook.com　　　　　　　　　　　　读者信箱：hzit@hzbook.com

版权所有·侵权必究
封底无防伪标均为盗版
本书法律顾问：北京大成律师事务所　韩光／邹晓东

前言 我的社群成交新模式

精壹门社群内部一位伙伴曾这样和我说:"老壹老师,我按照你在《引爆微信群》一书中讲的方式去引爆微信群,效果很好,群确实能活跃起来。可是一旦我向大家推荐产品,群就一下子沉寂下来,冷场了。这种突如其来的沉默让我感到尴尬,也让我手足无措。我提供了很多有价值的内容,大家非常认同我,也非常感激我提供了那么多有价值的内容,但仍然没有人购买我的产品……"

相信很多社群运营者都会面临类似的问题。事先已经做了很多准备工作和售前服务,为客户提供了很多价值,但最终无法转化成交。

不仅如此,这个过程中往往还会伴生各种"疑难杂症",形成社群运营中普遍存在的六大问题:

- 群不活跃;
- 建好群之后不知道怎么维护,不知道做什么;
- 做活动没有几个人参与;
- 守群、管群耗时间和精力,需要24小时不间断;
- 运营一段时间后,社群不温不火,食之无味,弃之可惜;
- 发个购买链接,没几个人购买,成交转化率极低。

社群出现上面的问题,原因很有可能是下面这4个:

(1)**社群建设无规划,搭建的不是有效的社群**。因为没有科学地搭建社群，所以社群的运营目的不明确，群友不知道做什么，导致社群不活跃；因为没有科学地搭建社群，没有事先系统地做社群内容规划、运营规划、活动规划，所以建群之后不知道怎么维护。

（2）**缺少一套完善的社群运营系统**。社群运营没有章法、没有节奏，想到什么做什么，导致客户大量流失。因为没有系统地运营，所以抓不住群友的注意力，导致推荐的产品最终没几个人购买，成交转化率低。

（3）**缺少一套有效的发售流程**。由于没有一套有效的发售流程，社群运营容易走向两个极端。第一个极端是只会运营不会销售，犹如只会谈恋爱不会求婚；第二个极端是只会销售不会运营，搞不好与客户的关系。

（4）**没有社群运营思维**。依然沿用传统的电商卖货思维，缺乏有温度的沟通，难以通过线上社群打动客户。

作为一名深耕社群多年的营销人，"用社群创造价值"就是我的使命。因此我不断精进，在用社群创造价值这件事上，追求致精致一。为了帮助社群运营者在社群营销中构建一套可参照、可复制的系统，我总结了一个社群营销的五步导图，其中包括拉新→组群→促动→转化→裂变。对于这部分内容，我在《引爆微信群》一书中已经进行了系统阐述。

社群营销五步导图

我推崇社群营销五步导图，追求整个闭环中每个环节的细节，目的是让每个环节的操作都可以复制，效果都可以掌控。为了提高成交转化率，我用了3年多的时间，专注于社群"成交转化"这个环节的打磨，也是对10 000多小时一线社群成交的思考、测试、实战进行总结，形成了一套能引发高效成交的序列式社群运营模式。

这套社群运营模式的核心步骤主要有3个：社群搭建→社群运营→序列式发售。简单来讲就是：

（1）通过科学规划，搭建一个能拉得进、留得住人，并可实现高转化的社群；

（2）通过科学地运营社群，对意向用户进行信任度培育，与其构建强大的信任关系，打通从运营到发售的通道；

（3）通过构建序列式的发售场景，让用户在这个场景中自动、自发、自愿、自然地购买。

这套运营模式，我在知识付费、教育、社交电商、农产品、大健康等领域中已经做过很多次实测，都取得了非常好的效果。

2018年4月，我用序列式社群运营模式组织了"精壹门"的社群会员招募，仅用时3天就建立起600多人的付费群，创造了72万元的营收。令人兴奋的是，从运营到最后的转化，整个过程非常自然，既没有"求"大家，也没有"逼"大家，买卖之间的关系从过去的对立变成伙伴式共赢。

2018年5月，我用序列式社群运营模式组织了《引爆微信群》一书的上市发售活动，使这本书迅速占领了京东市场营销类新书第一名的位置，在不到2年的时间内，这本书印刷7次，在各大书城好评如潮。

京东好物榜推荐

2018年11月,我用序列式社群运营模式组织了"首届中国社群营销大会"。从大会合作伙伴招募到参会人员招募,再到大会会务组织,我们都是在线完成的。我们仅借助不到20条序列式群公告,就吸引了1100多人涌入杭州参会。更为重要的是,我们的核心团队加上我也只有2人,但是我们借助社群协作,完成了需要20人甚至50人才能完成的工作。

2018年11月,我用序列式社群运营模式帮精壹门私董企业"某学习机构"组织了线上推广,利用不到500人且本来已沉寂很久的两个老群,把单价高达1.68万元、销售员使出浑身解数都推不出去的课程名额,在短短20分钟内卖光。整个活动期间,创造了100多万元的收入。

2019年4月,我用序列式社群运营模式帮精壹门私董、两岸移动互联网创业论坛发起人、来自台湾的企业家老汤老师发售了一款多群授课手机。通过20条序列式群公告和3条微信消息,我们让一部单价高达3980元的手机被抢购一空。

2019年8月，精壹门私董会私董企业"飞行狗"借助序列式社群运营模式，在线上活动期间，创造了平均19.4%的成交转化率，个别社群成交转化率高达64%。

2019年12月，一个位于四线城市的教育综合组织，借助序列式社群运营模式，以线上邀约客户、线下进行转化的形式，一个月组织了5场且每场都有200多名父母参加的教育体验活动。

这样的案例还有很多，都是我亲自做的，所以说这套模式经过了大量实践的检验。在本书中，我将向你揭秘这套神奇的序列式社群运营模式的实战流程。

为了让你能更快地掌握序列式社群运营模式，我先在这里讲解一下本书的内容结构。

整体来说，本书分为三大篇，每篇之间都是相关联的。

第一篇：展示序列式社群运营的作用及其为社群带来的改变。

第1章是一面镜子，帮助你照出自己在社群运营过程中存在的问题。而这些问题之所以出现，往往是因为社群运营的目的不明确。如果能明确社群运营的目的，那么大部分"疑难杂症"会迎刃而解。

第2章将告诉你序列式社群运营究竟是什么，帮助你了解序列式社群运营模式的优势和重要性。

第3章将向你揭秘现象级产品发售幕后的序列式运营思路。我想通过这一章向你证明，序列式运营并不是为了哗众取宠而杜撰的模式，它是有理可据、有凭可依的。

第二篇：解析序列式社群运营必备的思维和态度。

第4章将向你分享社群运营和营销的各种思维。有了这些思维，你才能抓住社群运营的灵魂，才能在社群运营过程中，无论是拉新、促动，还是裂变、成交，都能得心应手。

第5章将向你阐述社群的基本要素，让你知道规划一个社群要做哪些事情，怎么才能规划出一个有发展力的社群。

第三篇：系统揭秘社群序列式发售的整个设计流程。

第6～8章将分别从造势、蓄势到引爆，逐步向你揭秘让整个活动环环相扣、每个细节都可控的产品发售逻辑——序列式社群运营。

第9章将为你详细解析我通过序列式运营模式发售《引爆微信群》一书的完整过程，目的是向你展示我的具体做法，帮助你清晰地认识到如何才能真正把这套方法论落地到实际工作中。

本书尤为适合拥有一定老客户资源的企业，比如美容院、实体零售连锁机构、教育机构、电商等；以及有一定内容和粉丝的超级个体，比如讲师、自媒体人、网红等。

由于篇幅有限，很多操作细节在本书中未能详细、完整展示。为了弥补这一不足，我决定为购买了本书的读者组建一个免费的训练营。在这个训练营中，我会安排做如下训练：

（1）社群运营早自习（巩固训练）：每满1个500人读者群，都将在该群中组织1次"社群运营早自习"。在运营早自习期间，每天讲解书中的1个重点知识，500人集体陪伴式学习，让学习成为习惯。

（2）社群直播答疑（思维提升）：在读者群，针对读者关注的序列式社群运营问题，我每月都会组织直播交流。直播主要聚焦于以下几个方向：

- 与读者一起探讨、交流书中的经验技巧；
- 分享最新的序列式社群运营实战案例；

- 解答读者实操过程中遇到的疑难问题;
- 传播最新的社群营销理念及思维(不局限于序列式社群运营)。

"社群早自习"早读现场

《引爆微信群》直播答疑

（3）作者领读（知行合一）：我将按照章节，以专栏的形式，带领读者把书读透、读懂。基于每一章、每一节，围绕但不限于以下3个方向，陪读者共读本书。

- 这一节主要讲的是什么？
- 这一节需要注意的要点有哪些？
- 除了表面呈现的内容，还有哪些"被藏起来"的知识点？

特别说明：

- 我非常想把我的秘籍毫无保留地分享给你，但是受篇幅限制，加上一些与"序列式社群运营"相关的知识过于零散而无法形成体系来呈现，故部分内容未反映到本书中。
- 作者领读专栏，将于本书正式出版后陆续更新。

我把这个训练营命名为"智造疯抢"训练营，凡是购买本书的读者，均可添加微信730917，备注"读者"，免费申请参训。

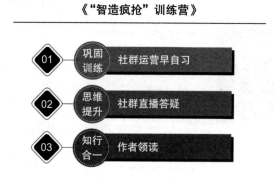

《"智造疯抢"训练营》

序列式社群运营是一套全新的社群运营模式，任何一种运营模式都有它的边界和局限，为了更好地用社群创造价值，欢迎业界专家针对书中内容进行批评指导。

机械工业出版社华章公司编辑孙海亮先生为本书的出版提供了诸多支持，流年小筑、偏锋等伙伴在本书撰写过程中做了大量的编辑整理工作，在此对他们表示衷心感谢！

精壹门创始人、畅销书《引爆微信群》作者　老　壹

于西湖之畔　精壹门

目录

前言　我的社群成交新模式

第一篇　社群商业变革——从推销到运营

第1章　社群运营——让销售流程节奏化　003
1.1　社群运营的3个误区　004
  1.1.1　重活动，轻资源　004
  1.1.2　重流量，轻维护　005
  1.1.3　重结果，轻过程　005
1.2　社群运营的5个目标　005
  1.2.1　保持社群活跃度　006
  1.2.2　形成持久黏性　006
  1.2.3　打造铁杆粉丝　007
  1.2.4　构建私域流量池　007
  1.2.5　培育高复购用户　008
1.3　从推销到发售的路径设计　008

第 2 章　序列式社群运营——控制过程，获得结果　　013

2.1　序列式社群运营的相关定义　　015
2.1.1　什么是序列式社群运营　　015
2.1.2　序列式社群运营阶段划分及目标　　015

2.2　序列式社群运营的 6 个优势　　019
2.2.1　低成本、低风险、高成果　　019
2.2.2　流程化、公式化、可控制　　020
2.2.3　大众化、普适性、可复制　　021
2.2.4　伙伴式、无打扰、易接受　　022
2.2.5　有温度、有趣味、有互动　　023
2.2.6　有理论、有测试、有结果　　024

第 3 章　现象级发售案例背后的运营思路　　025

3.1　小米从运营到发售的完整过程揭秘　　026
3.1.1　营销渠道的选择　　027
3.1.2　预售模式　　029
3.1.3　粉丝培育　　030

3.2　电影《流浪地球》从造势到引爆的全流程拆解　　031
3.2.1　IP 效应　　032
3.2.2　造势内容策略　　032
3.2.3　信息披露节奏　　033
3.2.4　延续热度的二次传播　　034

第二篇 序列式社群运营的两大基础

第 4 章 "软件"基础，确立以人为本的社群运营思维　　039

4.1 三大运营思维　　039
- 4.1.1 文科思维　　040
- 4.1.2 用户思维　　044
- 4.1.3 伙伴思维　　045

4.2 八大营销思维　　047
- 4.2.1 社群的核心是聚人　　047
- 4.2.2 社群组织人的核心是找理由　　048
- 4.2.3 社群留人的核心是内容　　050
- 4.2.4 源源不断的流量，源于强大的后端　　051
- 4.2.5 社群拉新策略：把一切有价值的东西打造为拉新主张　　053
- 4.2.6 社群自运转策略：为用户规划一条"升级打怪"的成长路线　　054
- 4.2.7 社群铁杆粉丝培育法则：低承诺、高兑现　　056
- 4.2.8 社群营销终极秘籍：精耕细作、精一精进　　057

第 5 章 "硬件"基础，搭建可持续运营的高价值社群　　059

5.1 高价值社群的 7 个要素　　060
- 5.1.1 人设　　060
- 5.1.2 场景　　063
- 5.1.3 用户　　066

5.1.4 内容	067
5.1.5 规则	073
5.1.6 活动	075
5.1.7 载体	076
5.2 决定转化率的 8 个要素	077
5.2.1 产品力	078
5.2.2 促销力	080
5.2.3 呈现力	081
5.2.4 精准度	082
5.2.5 触达率	083
5.2.6 到场率	083
5.2.7 在线率	084
5.2.8 粉丝数	085

第三篇 序列式社群运营的 3 个阶段

第 6 章 造势阶段 089

6.1 造势的目的	090
6.1.1 信息充分触达，调动潜在用户注意力	090
6.1.2 制造期待，引起潜在客户的关注	092
6.1.3 筛选潜在精准客户，创建精准客户群	094
6.1.4 制造参与机会，提高社群活跃度	094

XV

6.2 造势第一步：创建转化群 096
    6.2.1 营销型社群的三大矩阵 096
    6.2.2 创建转化群的流程和步骤 099

6.3 造势第二步：准备造势素材 107
    6.3.1 概述 107
    6.3.2 "疯学机"案例精解 108
    6.3.3 造势素材——告知文案的撰写重点 116

6.4 造势第三步：推广转化群 119

6.5 造势第四步：引爆转化群 120
    6.5.1 转化群氛围打造 121
    6.5.2 100%预告触达的方法 124

第7章 蓄势阶段 125

7.1 蓄势的目的 126

7.2 蓄势的注意事项 127
    7.2.1 重点在于项目的塑造 127
    7.2.2 不是销售的过程 128
    7.2.3 一环扣一环 129
    7.2.4 需要制造惊喜和悬念 134

7.3 蓄势背后的六大消费心理 135
    7.3.1 人们相信权威 135
    7.3.2 人们希望有信任感 136
    7.3.3 人们有期待心理 137
    7.3.4 人们需要亲和力和温度 138

　　　　　　7.3.5　人们喜欢重大活动和仪式感　　139

　　　　　　7.3.6　稀缺性促使人们快速下决定　　140

　　7.4　蓄势第一步：准备蓄势素材　　141

　　7.5　蓄势第二步：暖群　　145

　　7.6　蓄势第三步：将欲望推向极致　　147

　　7.7　蓄势第四步：揭秘抢购流程　　152

第8章　引爆阶段　　155

　　8.1　引爆第一步：准备发售素材　　156

　　8.2　引爆第二步：让信息100%触达　　158

　　8.3　引爆第三步：序列式发售公告　　159

　　8.4　引爆第四步：导入后端社群　　162

　　8.5　引爆第五步：有步骤地解散群　　166

第9章　综合实战案例：《引爆微信群》发售流程全解　　169

　　9.1　在造势阶段引发关注　　170

　　9.2　邀约及进群的策略　　172

　　9.3　用序列式公告让粉丝保持关注　　174

　　9.4　活动中的价值塑造　　180

　　9.5　成交主张的设计　　183

附录A　如何写出高转化率的发售宣讲稿　　187

附录B　联合出品人名录　　195

后记　精一精进，用社群创造价值　　201

第一篇
社群商业变革——从推销到运营

第1章 CHAPTER

社群运营——让销售流程节奏化

当下,社群场景的应用日益广泛——吸引粉丝、维护客户、组织活动、发售产品……

无论是什么类型的应用,社群都是一个聚集人的场所,我们以某个主张把一群人聚集在社群场景里,自然是想要获得某种结果。也就是说,社群是一个帮助我们获得结果的渠道,但这个结果不会随着社群的搭建而自然得到。要想获得结果,用有效的模式进行运营是必不可少的。

如果在运营方面有所缺失,当运营成为社群的短板时,那最终结果往往是不乐观的。甚至由于运营不到位,社群在组织的过程中就会出现各种问题,让整个群难以正常运转下去。

1.1 社群运营的 3 个误区

要想做好社群,首先要做的就是知道之前的哪些做法是错误的,不然一个错误的认知可能会导致之前 99% 的工作付诸东流。下图所示是我(老壹,后面如无特殊说明,以本书作者身份自称的"我"均指老壹)总结的社群运营中常见的 3 个误区。

社群运营的 3 个误区

1.1.1 重活动,轻资源

很多线上活动都会以社群的形式来组织。正因为如此,大家往往容易把社群当成一个单纯的"场所",以为社群就是用来举办活动的。

社群有工具性的一面,但是将其过分工具化,就会让我们忽略它带有的资源属性的一面。我们都知道,流量本身就是一种资源,所以社群作为一个聚集人的场所,其本身就自带资源属性。在组织活动的过程中,社群成员之间的连接、社群成员和社群之间的连接、社群成员和品牌之间的连接,以及社群成员间的互动、社群成员归属感的建立、社群成员忠诚度的培育,都是资源沉淀的过程。所以说,社群运营的过程,不仅是活动组织的过程,也是资源沉淀的过程。

1.1.2 重流量,轻维护

一说到建群,我们最先想到的往往就是要拉多少人进群。人们经常把导入流量的多少作为判断社群价值的第一标准。

我们必须清楚地认识到,"流量"有流动性,社群成员可以被导入我们的社群,自然也会从我们的社群"流出",进入其他社群。在这个过程中,能把多少"流量"变成"留量",让剩下的人形成有效沉淀,显然更为重要。

社群运营中的一个重要环节就是对人的运营,通过对流量的分层维护形成沉淀。

1.1.3 重结果,轻过程

结果至上也是社群运营中的一个常见误区。活动组织的结果如何?产品发售的结果如何?最终的转化率如何?我们把所有的注意力都聚焦在结果上,就很容易忽略过程。如果不在运营过程中对每个环节加以把控,那最后的结果就必然是随机的,我们无法控制。

完善的社群运营模式,是通过对过程的精确控制自然地得到想要的结果。

1.2 社群运营的 5 个目标

了解了社群运营中的常见误区,我们再来看一下社群运营的主要目标。在社群场景里,我们的运营主要集中在两个方向:对内容的运营和对人的运营。

总体来说，就是要形成一套内容体系，实现有效的价值输出，让社群成员认可社群的价值，进而建立归属感、提高忠诚度，实现下图所示的5个目标。

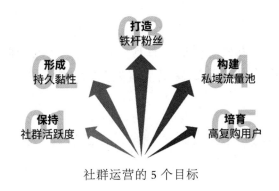

社群运营的5个目标

1.2.1 保持社群活跃度

一个社群，如果总是冷冷清清，成员之间没有互动，不论发布什么信息都没人响应，那就说明这个社群是缺乏生命力的。

社群活跃度的高低，在很大程度上决定了一个社群的"生命周期"，很多社群做着做着就冷下去了，甚至慢慢变成一个"死群"，症结往往就出在活跃度上。

给社群成员提供有趣的内容、有效的价值，同时给他们提供一个真正能够交流、连接、互动的线上环境，是社群运营过程中需要做的主要工作。做这些工作是为了让更多的成员能够保持活跃，从而让社群保持强劲的生命力。

1.2.2 形成持久黏性

拥有持久黏性也是社群必备的特性之一。

社群中的成员往往来自天南海北，大家在现实中可能并不相识，能够聚集到同一个社群里，往往是因为这里有他们共同关注的资源，比如社群中定期分享的内容、定期发布的业界信息等。

但是人的兴趣是会发生转移的，尤其是在这个信息大爆炸的背景下，人们有太多渠道获得信息了。一旦我们的社群吸引力不够，那群里的成员出现"见异思迁"的情况也就很正常了。

让社群成员保持持续的注意力、持续的兴趣，是形成持久黏性的必备条件，也是我们运营社群的目标之一。

1.2.3　打造铁杆粉丝

日久生情，这种现象不仅出现在现实中的人与人之间，在社群里也表现得很明显。如果我们希望粉丝长久留在社群里，并且希望他们自愿且主动地参与到社群的各种活动中，就需要对他们进行长期培育，以增强粉丝和我们之间的连接关系。而且，信任感加强也需要长久经营和培养。

很显然，在经营和培养的过程里，粉丝对社群的归属感会越来越强，从粉丝到铁杆粉丝的"进化"也会自然实现。

1.2.4　构建私域流量池

变"流量"为"留量"，这是社群运营的重要目标。

在传统的线上营销中，获客成本的升高是不争的事实。如果我们每搭建一个社群、每组织一次活动，都要完全依靠公共渠道来获取新的流量，那就意味着成本无限升高。与之相反的是，在社群运营过程中，我们完全可以把一批对我们拥有高信任度的用户转化为"私域流量"，当我们形成自己的私域流量池后，就可以随时对池中的流量进行信息触达，实现更低成本的线上营销。

1.2.5 培育高复购用户

我们都希望能够培养出一大批高忠诚度的用户，因为高忠诚度用户往往会成为整个用户群体里的强效"黏合剂"。但是，忠诚度的建立不是一两天就能够完成的。运营社群的过程，也是对用户进行持续培育的过程。我们通过不断进行价值输出，让用户的"消费"体验始终保持在满意状态，这是让用户对产品以及品牌形成忠诚度的有效途径。而高忠诚度，无疑就是高复购率的保障。

1.3 从推销到发售的路径设计

在《引爆微信群》一书中，我们已经知道了通过社群场景做营销的很多优势，这也引发了一大批创业者进入社群淘金。但是很多伙伴和创业者在实操中往往会发现：运营过程中好像该做的都做了，但是转化效果非常不理想。实际上，线上社群活动参与度低、产品发售转化困难，已经成为当下社群运营者普遍面临的难题。

从本质上来说，社群运营必然是为最后的营销和成交转化做准备、做服务的。比如我们为了准备一次发售而组建一个社群，就会通过前期的运营来建立信任、制造期待，最终在发售环节实现更高效率的转化。这里所说的"转化"，要么是转化新客户，要么是促进老客户复购，要么是实现以老带新……

这里需要强调一点，社群营销和传统营销的方式不同，和大企业的营销策略也不同,单纯的"高曝光率"对于社群运营,尤其是通过社群进行创业的人来说,是没有实际意义的。只有最终的转化效果得到保障,实现品效合一,才能让社群创业者"活"下来。

目前大部分企业在社群里进行产品、活动宣传推广时,往往是直接把活动链接发到群里。有点运营意识的人也只会提前发个公告,或者简单发一个红包预热一下,然后再发活动链接。

但是在当下的网络环境中,每个人都被各种爆炸式的信息环绕着,这种直接发布、直接推销的方式(见下图)所能带来的效果越来越差。

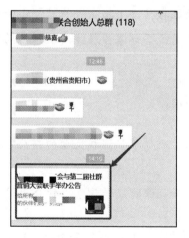

无效的活动发布方式

那么,我们该怎么办?在当下嘈杂的网络环境中,我们该如何保证或者提升活动宣传的效果呢?此时,我们就需要有一条有效路径,以特定的社群运营模式,有节奏地推进我们的活动,以此来保障互动的效果和发售活动的转化效果。

这里我先分享一个案例，带大家感受一下有节奏的社群营销模式与传统营销模式有什么不同。

背景：2018年，某教培机构找到我们，请我们帮助他们完成社群运营流程，实现"双十一"的销售目标。在此之前，他们多是沿用传统的推荐模式，即在线上学员群直接发布新课程信息、活动信息，收效甚微。如果按照之前的做法，他们预计无法完成"双十一"的销售目标。

产品：原价3万元的系列课程，"双十一"活动价为1.68万元。

渠道："双十一"期间，完全通过线上客服个人微信号以及老学员班级群，实现高客单价课程的销售。

效果：1.68万元的课程，线上报名开启后2小时内，几十个名额抢购一空。整个"双十一"期间，全部课程在纯线上销售的情况下实现总计100多万元的营收。

传统的活动发布流程：

（1）准备一段"双十一"节日课程促销的群公告，配上一条课程秒杀抢购的链接；

（2）在会员群发布节日课程促销信息，配合私信通知促销信息；

（3）等待报名结果。

序列式活动发布流程（此次活动流程）：

此次活动的发布，整体分为6个小步骤：

（1）造势预热；

（2）私信正式通知；

（3）客服私信二次确认；

（4）朋友圈发文做公示；

（5）创建咨询群，进行活动介绍；

（6）活动正式开启，开放抢购名额。

每个步骤的核心操作细节如下：

步骤1：造势预热

11月1日晚上，通过群公告、私信的方式进行预热通知：我是***，明天上午10点，高级班群里有重要通知，收到请在微信群里回复"我已收到，期待2日10点公告"。

步骤2：私信正式通知

11月2日上午10点，通过教培机构核心讲师亲自录制的视频，在个人微信号上以私信的形式告知学员"专家班"课程即将开课，并让想要了解的学员回复"1"（特别说明：该讲师在其所在领域有一定权威性，且很受学员爱戴和认可）。

步骤3：客服私信二次确认

视频私信发布之后，由助教客服用个人微信做二次确认和提醒：你好，**老师刚刚给你发了一条1分钟的视频消息，你看了吗？如果你对课程感兴趣，可以按照视频里面的提示回复关键词"1"。

步骤4：朋友圈发文做公示

私信通知完之后，助教客服在微信朋友圈发内容做公示：所有高级班的学员请注意，群里有重要通知，同时注意**的私信通知。

步骤 5：创建咨询群，进行活动介绍

邀请回复关键词的学员进入专门的咨询群，针对课程以及活动进行充分介绍（价值塑造、稀缺性塑造等），并告知课程抢购将于 11 月 3 日中午正式开始。

步骤 6：活动正式开启，开放抢购名额

11 月 3 日中午，正式开启课程抢购通道。

以上是"双十一"活动期间，价格为 1.68 万元的系列课程的部分发布流程。虽然仅有短短的几百个字，但是其中暗藏了很多的操作细节。除此之外，其实还有更多其他操作细节，这些细节用于进一步保障整个活动的发布效果。后面的章节会专门针对序列式活动运营的每一个细节进行详细剖析，这里就不再展开了。但是仅从前面这短短几百个字里，相信你已经能够感受到带有节奏性的社群运营（我们称之为序列式运营）与传统运营方式的不同了。

当然，最终能够实现高客单价课程的销售目标，与该教培机构本身积累了一批优质的老学员有直接关系。但是如果没有借助上面这种有节奏、有顺序的活动发布流程，而是采用传统方式，即直接在会员群里附一条"双十一"课程优惠活动通知，并配上直接秒杀抢购的链接，那么最终肯定无法取得如此喜人的成绩。

让社群活动的过程可控、结果可控，就是序列式社群运营的魅力所在。 那么，到底什么是"序列式社群运营"？序列式社群运营涉及哪些运营思维、营销思维？序列式运营的操作流程是什么？接下来我将为大家一一展开讲解。

第2章 CHAPTER

序列式社群运营——控制过程，获得结果

一个社群的运营，到了最后环节，往往与转化、成交脱不了关系，而且很多社群是以产品发售为核心目的的，组织者想要的就是更高的转化率。但是在社群运营中，我们经常碰到的情况是：最终的转化效果不可控。即便是前期的社群组织工作都做了，到了成交环节，依然达不到预期目标，这往往又"逼迫"我们回到传统营销模式——在社群里进行反复"推销"。采用传统营销模式的结果是社群运营者出力不讨好，因为群里的意向用户只会觉得自己被"骚扰"了，而不会感受到营销人员希望传达的价值。最终的结果就是：商家和用户都成了"输家"。

这方面我是深有感触的，因为我自己就是销售出身，在一线摸爬滚打了不少年。虽然有过很多上门推销、电话推销的经历，但其实我最讨厌的就是这种"传统"的成交方式。因为在这种成交方式里，我们好像在扮演一个"不光彩"的角色，一想到马上要去逼单、要去找别人收钱，内心就会感到恐惧和不安，结果自然是在整个成交过程中都处于一种焦虑的状态。

其实，感到不舒服的不仅是我们自己，意向用户在这个过程里肯定也不会有什么好的体验。正是因为对这种成交方式的排斥，所以我后来在合作创业时更多是做运营，通过运营去培养潜在客户，然后让会成交的人去成交。

从2016年年底开始，情况发生了变化，因为我渐渐找到了一种更合适、更舒服的成交模式。在这套模式里，我既不需要求着别人来买（乞讨式销售），也不需要去逼单（逼迫式销售），发生"成交"的过程是那么自然。在整个过程中，所有人都很开心、很舒服，成交的双方相处十分融洽。

这才是我想要的成交，于是我开始钻研这种神奇的模式，并逐步探索如何把它应用到社群运营当中。历经2年的时间，我梳理出了整个流程，并从2018年开始正式尝试在社群运营中融入这种模式。结果和设想的一模一样，因为在运营过程中做好了铺垫，所以最后的成交变得非常自然。从那以后，我开始享受这种能够掌控运营过程的自然成交法。

在随后的大量实践中，这套运营模式的理论体系逐步完善。经过最终的归纳、总结，我提炼出了一套属于我的社群运营模式——序列式社群运营，简称序列式运营。

2.1 序列式社群运营的相关定义

2.1.1 什么是序列式社群运营

序列式社群运营，是以社群为阵地，实现从运营到发售的一整套系统化解决方案。它的核心是通过社群运营，对用户进行序列式、潜移默化的全方位教育，从而使用户对运营者、社群和产品形成强大的信任感，产生对产品或项目的狂热期待，最终让成交犹如瓜熟蒂落，水到渠成。精壹门借助这套运营流程，曾帮多位精壹门私董会高级会员进行了项目发售，创造了很多营销奇迹。所以说，序列式社群运营是一套经过实践检测、真实有效的运营流程。

目前的社群，在运营方面大多缺乏系统有效的方案，往往是一有新用户进群就直接把订购链接发到群里，其实这种方式是没有效果的。潜在客户刚进入群里，运营者和客户之间还没有足够的信任感，客户甚至对产品、项目都不太了解，更不知道是否对他们有价值，这种基础下的转化成交效果一定很差。

做营销的伙伴都知道，充分的信任感以及极高的购买欲望，是决定成交的两个核心要素，而序列式社群运营解决的核心问题也正是如何建立信任感与激发购买欲望。

我们通过构建社群并进行后续的序列式运营，实现对用户的序列式教育，潜移默化地建立与潜在客户之间的信任。再通过设计好的序列式发售流程，一步步紧紧抓住潜在客户的注意力，调动他们的兴趣，激发他们的购买欲望，最终实现自然转化成交的目的。

2.1.2 序列式社群运营阶段划分及目标

序列式社群运营主要划分为 3 个阶段：

第一阶段：造势阶段。这个阶段的主要目标是"抓取注意力，培育活跃度"。

第二阶段：蓄势阶段。这个阶段的主要目标是"打造高黏性，建立高信任"。

第三阶段：引爆阶段。这个阶段的主要目标是"培育忠诚度，实现高转化率和高复购率"。

这3个阶段是层层递进、相互配合的。通过这3个阶段，一步步把整个活动有节奏地呈现给客户。在呈现的过程中，充分调动客户的兴趣，让其抱有足够的期待与渴望。而且在整个过程中，客户都会感觉十分舒服与自然。

序列式社群运营的3个阶段

1. 造势阶段

在当下这个移动互联网时代，人们接触信息的渠道非常多。每个人都有很多微信群、关注了很多公众号、手机里还有很多App……

客户每时每刻都被大量的信息冲击着，如果想有效地抓住他们的注意力，我们就要让要传达的信息从这片"汪洋大海"中脱颖而出。而这就需要借助一些技巧——序列式通知。

我们通过一系列有逻辑的、承上启下的消息，充分把我们的信息传递给客户，并一步步引起他们的注意。

这其实和电视连续剧有类似之处。如果你曾经有过追剧的经历，那么一定还记得那种心痒难耐、急切等待后续剧情的心情。因为电视连续剧的每一集，都会在最后留下一个悬念，让我们很期待后面到底会揭晓一个什么谜底，甚至一整天都在焦急等待着下一集的更新，想要尽快了解接下来整个故事会如何发展。

很显然，在观看电视剧的整个过程中，我们的注意力一直在被持续调动，而序列式运营对潜在客户注意力的抓取原理也是如此。

比如说我准备在明天中午发布产品订购链接，那我就会提前做序列式告知，流程类似于——

今天白天我会在群里告诉大家：今天晚上 11 点，群里将会有一个重要的活动公告。

晚上 11 点发布公告：明天中午 12 点将会在群里发布新产品的抢购链接，敬请期待。

第二天上午 10 点发布倒计时公告：距离 12 点的发售还有 2 个小时，请务必准时关注群消息……

这就是序列式公告的一个缩影，它让整个发售过程显得井然有序，很有层次感。通过这种方式，可以充分激发潜在客户的好奇心，让他们在群里保持活跃。相比第二天中午直接把产品订购链接发到群里，序列式公告显得更加正式，而且更加容易让人接受。

这种方式不仅可以用在发布活动链接的时候，还可以用在其他很多场景中，比如重要的微信群公告发布、新产品发布、大人物推荐等。

我曾经为精壹门私董老汤老师的产品（一款学习型营销手机）策划了一场线上的发售活动，在发售过程中，我们总共发布了 20 多条公告——

第 1 条：欢迎大家
第 2 条：介绍下一条公告将要发布的时间
第 3 条：公告晚上活动的一个关键信息，比如说主持人是谁
……

每一条公告，都在为下一条公告的发布做铺垫，很自然地把活动流程推向下一个节点。在发布序列式公告的时候有一个小技巧，即在公告前面加上发布的序列号，如【公告 01】【公告 02】……这样一来，如果有的客户一开始并未留意到群内消息，那当他突然看到【公告 09】时，可能会对错过的前 8 条公告充满好奇，从而翻看之前的信息。因此，我们的信息触达率会得到极大提升，客户对整个活动逻辑的了解也会特别清晰。

2. 蓄势阶段

抓取注意力，让粉丝们活跃起来，这只是一个开始。在社群运营的过程中，让社群成员们保持注意力是更为关键的。在这方面，主要依靠内容运营。也就是说，我们的社群需要保持持续的高价值内容输出，用价值来进一步稳固我们和粉丝之间的连接。

当然，对粉丝的运营，在这个阶段也很重要。如果说价值输出能让粉丝产生信任，那么有效的粉丝运营模式可以让他们迅速建立起归属感。这种归属感不仅是对一个社群的归属感，也是对产品以及品牌的归属感。这种归属感是社群凝聚力的主要来源，是社群黏性形成的基础。

3. 引爆阶段

无论是要实现高转化率还是要实现高复购率，忠诚度都是其中重要的影响因素。实际上，在社群运营过程中，如果我们能够把大部分粉丝培育成"铁杆粉丝"，那忠诚度问题就解决了，后续实现高转化率、高复购率就是水到渠成的事情。我们不妨再回想一下自己追剧时的感觉：随着情节的推进，我们的注意力、期待感并不会一直处在同一水平线上，而是呈现上升趋势，尤其是接近"大结局"时，期待感往往会达到顶点，呈现一种爆棚状态。

为什么会这样？其实就是因为前面的情节对最后的结局做了太多铺垫，我们能摸到结局的轮廓，但是又朦朦胧胧看不清楚，不知不觉中被吊足了胃口。

在这一点上，序列式社群运营与之异曲同工。只不过，我们最后的"大结局"不是故事的结局，而是我们要推出的"产品"。通过前面一系列的序列式通知、序列式预热，我们有序地传达出很多关于"产品"的信息。身处其中的那些意向客户，对于产品的期待感是在被不断加强的。等到"大结局"揭晓时，爆棚的期待感会演变成什么？自然就是我们想要的高转化率、高复购率。

2.2 序列式社群运营的 6 个优势

2.2.1 低成本、低风险、高成果

序列式社群运营是一套完整的解决方案，因为在运营阶段有相对固定的模式化流程，从运营到发售的路径也是清晰的。即便在没有客户渠道、没有预算、没有庞大团队的情况下，通过序列式社群运营也能在最后实现高转化率。

在传统的发售方式里，营销离不开渠道、人工、推广，这会产生各种费用，要策划并实施一次成功的产品发售活动，仅前期的组织费用，把流量聚集过来，恐怕就需要一笔不菲的投入，并且还无法保障最后的效果。

而在序列式社群运营模式里，完全不存在这方面的问题。因为社群可以实现以老带新、以存量换增量的"零成本"裂变。那些活跃度很低、看起来已经没什么价值的老群，在特定的方式下，是完全可以被再度"激活"的。只要做到这一点，那社群本身具备的裂变属性就会发挥巨大的作用。这就是社群的价值，也是序列式社群运营的价值之一。

另外，在社群场景下，处处皆店铺，我们可以做到无店铺销售，无店租、无水电、无装修，从而极大降低投入成本。

2.2.2 流程化、公式化、可控制

《孙子兵法》里有这样一段话：

全国为上，破国次之；全军为上，破军次之；全旅为上，破旅次之；全卒为上，破卒次之；全伍为上，破伍次之。是故百战百胜，非善之善也；不战而屈人之兵，善之善者也。故上兵伐谋，其次伐交，其次伐兵，其下攻城。攻城之法，为不得已。

意思就是说，最上等的军事行动是用谋略挫败敌方的战略意图，即战争的最高境界就是不出一兵一卒，不用一枪一弹，就赢了。

如果把营销比作打仗，那么营销的最高境界就是当我们把整个流程设计好之后，最终的转化并不需要我们刻意去推动，就能获得我们

预期的结果。序列式社群运营的过程，就是一个流程化的自动营销的过程。

在序列式运营过程中，我们通过序列式活动通知方式，让潜在客户了解我们产品的卖点、我们的优势、我们能帮他们解决的痛点。我们通过具有稀缺性和紧迫性的超级赠品，以及一些非买不可的理由，促进潜在客户必须在这个时间段做出决定。

更为关键的是，针对这一系列动作，我们都可以按照一套较为固定的模式去做设计。它不会因为运营对象、运营人群的不同而产生复杂的变化。掌握了"序列式"的底层逻辑，那么我们需要做的只是：按照公式化的模板设计出流程化的执行步骤，最终获得可控的转化结果。

2.2.3　大众化、普适性、可复制

除了成本优势以及可操作性强之外，序列式社群运营还有着很强的适应性。它不会受限于某些特定的产品、特定的行业，也不会受限于某些特定的意向客户群体。在大量的实践中，我们已经确认，无论是实物产品还是虚拟的培训课程，通过序列式社群运营模式去操作都能在最后取得令人满意的成交转化率。

这种普适性的最大意义就在于，"发售"不再是一件高门槛、准入条件严格的事情。在以往，要组织一次成功的产品发售，通常需要专业的人士、专业的团队，但现在借助序列式社群运营，它变成了一件人人可为的事情。

对于众多正在通过社群运营来创业，或者是有志于此的伙伴来说，这种"大众化"的意义是巨大的。这意味着，无论起点高低，大家都

有能力通过序列式社群运营，实现自己的第一次成功发售。最为关键的是，这种成功是可以复制的。

2.2.4 伙伴式、无打扰、易接受

序列式社群运营不仅是在运营模式上产生了改变，它在营销体验上的改变也很明显。在较早的营销中，我们的观点是"客户是上帝"。销售员与客户交流的过程当中，会不自觉地把自身放在一个低客户一等的角色当中，甚至有时候会把正常营销演变成一种乞讨式营销。这说明这种客户关系是一种不对等的关系。

进入移动互联网时代，这种情况发生了改变，消费者之所以买你的东西，是因为他认为你的产品有价值。双方之间的关系，变成一种价值交换关系。

而进入社群营销时代，"买卖关系"又进一步升级，消费者之所以买你的东西，是因为信任你，之后才是信任这个产品。

很显然，我们和客户之间的关系，正在随着时代的发展而不断变化。现在，我们提倡的是伙伴式的关系——你有需要解决的问题，有需求；我能够提供对应的产品和服务，能解决你的问题、满足你的需求。我们彼此之间的关系是对等的而不是对立的。我们首先是彼此认可的伙伴，建立信任之后，才附带发生了商业上的交易。

这种伙伴式的关系，带来的最直观的改变就是营销体验的全面升级。我们再也不需要用信息狂轰滥炸，去骚扰客户、逼迫客户买单了。这种模式里的序列式自媒体文章或者序列式朋友圈文案，只会让潜在客户们产生期待感，比如——

第 1 条朋友圈告诉大家：明天 10 点我将会发布一段让大家非常震惊的小视频；

第 2 条朋友圈告诉大家：现在我已经准备好这段视频了，目前正在做最后的剪辑工作；

第二天 9 点发布第 3 条朋友圈预告：发布倒计时 1 小时；

10 点整，准时发布第 4 条朋友圈，即这段小视频；

11 点再发布第 5 条朋友圈：早上 10 点在朋友圈发布了一段震撼的小视频，引起热烈反响，没留意的可以回去看一下。

整个过程进行得非常自然，我们不会因为发布了一条消息而感到不好意思。客户也不会因为我们的消息感觉受到打扰，甚至是被"绑架"。

2.2.5 有温度、有趣味、有互动

在很多线下的会议营销现场，经常会出现这样的情景：场内气氛本来非常热烈，但是只要有人上台提出成交，整个会场的气氛就会陡然下降，甚至冷场，现场变得非常尴尬，成交自然是无望了。

出现这种情况，其实根本原因还是对意向客户的情绪调动没做到位。虽然前面宣讲过程看起来场面很热闹，但多数时候是我们在给客户灌输一些信息，客户在短时间内接收大量信息，根本没有消化掉里面的内容，更谈不上调动起情绪了。

序列式运营则不同，它就好比在人们进入会议现场之前，我们已经通过一系列的序列式信息告知，让大家了解到了一部分情况，但又不是全部。

随后，我们再通过序列式的活动，一点点向他们揭秘。在逐步揭

秘的过程中，与他们进行充分互动，提升他们的参与感。

而在频繁的互动当中，双方之间又建立了更深的连接与信任，用户会对最后的发售产生期待。

整个推进过程很温和，这就让我们可以保证整个场面逐渐"升温"，直至最后的"引爆"，而不会出现突然冷场的尴尬。

2.2.6　有理论、有测试、有结果

序列式社群运营是一套有理论指导、集多家之长、完善的社群运营流程。

这套流程结合了亚马逊创始人贝佐斯的创业教练——杰夫·沃克的著作《浪潮式发售》，以及著名思想家王阳明的"阳明心学"思想的核心理念，是一种以克亚营销为主导的直复式营销模式，当然其中还融入了我在社群运营领域的诸多理论以及多年的实践成果。

虽然序列式社群运营的整个系统化的流程是由我提炼出来的，但是这种"序列式发售"的行为其实早就有了。很多我们熟知的经典营销场景里，都能找到它的影子。在后面的章节里，我们可以一起看一下它的神奇力量。

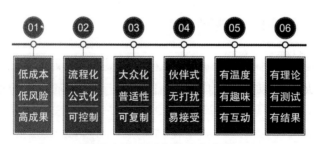

序列式社群运营的6大优势

第3章 CHAPTER

现象级发售案例背后的运营思路

"现象级"实际上是一个外来词,是由英文 phenomenal 直译过来的,我们通常会把它和一些卓越、优秀的人或者事情关联到一起。

当年火遍全国的偷菜游戏,让我们见识到了"现象级"的休闲游戏产品;一部《阿凡达》,让我们见识到了"现象级"的影视产品。而在发售领域,也有不少现象级的"作品"出现,它们往往创造了卓越的成交量,极大地扩大了品牌影响力,甚至可以在粉丝群体中引发"万人空巷"的疯抢局面。

在这些火爆的发售背后,其实都有着一套完整、有效的运营思路。而它们火爆的背后,离不开运营环节的成功。在这里面,序列式运营的影子很明显,很多思路对我们的社群运营来说都有很强的指导意义。

接下来，我们一起来看几个典型的现象级发售案例。

3.1 小米从运营到发售的完整过程揭秘

2011年8月，"为发烧而生"的小米手机正式发布。2013年，小米手机实现了1870万台的销售量；到了2014年，这个数据增长到6112万台，成为国内智能手机主流品牌。

2014年被雷军称为小米发展历史上的一个重要里程碑，小米从行业的追赶者，变成被全行业追赶的对象。国内同行对于小米模式的研究、学习、模仿已经达到"像素级"。

相对平稳的2015年之后，小米的销量在2016年遭遇过一段"断崖式"下跌，全年销量只有5800万台。但是在2017年，触底反弹的小米手机又创下了第二季度单季度2316万台的销量纪录！

在销售数据之外，还有一个数据也很醒目。

小米在2010年年底推出的手机实名社区"米聊"，半年内注册用户突破300万；到2013年，小米网同时在线用户峰值接近400万，小米手机的微博粉丝数超过500万，QQ空间关注用户超过1500万，微信公众号粉丝接近500万；而到了2016年6月底，MIUI社区的活跃用户已经达到2亿！

可以说，小米创造了一段手机发售的传奇。关于小米营销策略的解析，在网上已经有很多，这里不进行详细拆解了，我们仅针对营销渠道的选择、预售模式、粉丝培育这3个方面，来看看小米的运营思路。这其中的一些关键理念，与社群运营是互通的。

3.1.1 营销渠道的选择

相信有很多伙伴都是"米粉",那大家不妨想一下,我们有没有在电视、报纸上看到铺天盖地的小米广告呢?并没有!

那么数量巨大的"米粉"们,到底是怎样被小米成功营销的呢?其实,小米的营销渠道主要集中在社交媒体渠道,比如论坛、微博、微信这类带有典型社交属性的平台。

说起"社交媒体渠道"这种选择,我们有必要先来看一下消费者购买行为的演变轨迹。

早期,人们的生活并不富裕,市场整体上处于一种"供不应求"的状态。在这个时期,消费者的购买行为基本就是冲着"产品功能"去的。就好比我买一台收音机为的就是听广播、我买一台电视机为的就是看连续剧……不难发现,消费者的目的是单纯的,只要满足他们功能性方面的需求,他们就极有可能做出购买举动。

后来,随着经济条件越来越好,人们的生活也富足起来,市场就进入了"供大于求"的状态,简单地说,消费者已经不再满足于简单的功能性。这时候人们再买电视机就会考虑这些问题:要液晶的还是等离子的?要平面的还是曲面的?要什么等级清晰度的?选择哪个品牌……消费者有了更广阔的选择空间,这意味着他们的购买行为会被更多的因素所左右。对于商家来说,此时已经不是那个"啥都不愁卖"的时代了。

那现在呢?可以说,绝大多数消费者有了广阔的选择空间,供求双方的"地位"已经互换,人们的消费行为也进入一个"需求多元化"的阶段。这种"多元",并不是说消费者的选择标准更多了,也不是说人们对功能的需求变多了，而是消费者所期望的消费体验不再是"你提供什么，我就接受什么"的"被动式消费"。他们更希望自己购买的产品里有更多能够体现自己"私人要求"的定制性色彩。

用户的消费需求在不断地升级，传统的从企业到经销商再到用户的单向发售模式很难跟上人们需求升级的节奏。而在社交媒体渠道里，小米一直倡导的是产品即营销、体验即营销、口碑即营销。很显然，用户的地位得到了极大提升，社交的主角本来就是人，而不是产品。在"以人为本"的大前提下，用户会成为整个营销结构里最重要的节点，而无数个"用户节点"又组成了小米的营销网。

在这个网状结构里，品牌以及产品信息的传递，不再靠传统的填鸭式灌输，而是变成依托于人际关系的信息传播、信息裂变。也就是说，社交媒体渠道里朋友之间的先天信任关系得到了充分利用，这对于小米品牌影响力的扩张起到了很强的推动作用。

就好比说，我通过电视或者报纸之类的媒体，给你推送一条关于产品的广告，你会感兴趣吗？通常不会。那如果你身边的亲朋好友都在议论某个产品，谈论这个产品的各种信息，这时候你又会怎么样？你一定会想了解一下。

对于我们做社群运营的人来说，将社群的"社交属性"价值最大化才是重中之重。在社群运营中，如果我们就是把一批人拉到一个群里，然后丢一个产品购买链接进去，让大家购买，那么这和传统的把商品摆放在橱窗里让顾客选购没有什么区别。

搭建起一个社群，运营者首先要做的是和群成员交朋友，把他们从陌生人变成粉丝，这是社交的本质之一，也是社群运营首先要达成的目标。

3.1.2 预售模式

杰夫·沃克在《浪潮式发售》一书中提到，发售分为 3 个步骤：造势、预售、发售。

其中，造势的目的只有一个，就是让消费者知道你有一个产品要发布。这个产品能够解决他的某一个痛点或问题。在造势阶段，消费者是一定买不到产品的。

实际上，这就是一个制造期待、刺激欲望的过程。通过造势，我们可以从流量群里挑选出关注度更高的精准潜在客户，并让这一批客户采取动作进入精准客户流量池，为后续的正式发售储蓄精准客户。

在这一点上，小米无疑是成功的典范。它采用了抢 F 码的方式进行预售，F 是 friend 的意思。在这种模式里，只有抢到 F 码的人才可以抢购小米手机，而这个 F 码又是需要通过朋友分享才能得到的。

F 码是小米"饥饿营销"里极为重要的环节之一。饥饿营销本身就是在制造"供不应求"的氛围，让用户产生迫不及待地想要拥有产品的冲动。但是对于拥有 F 码的用户来说，他们是不需要排队等待的。获得 F 码的过程就是一个经典的"造势"过程——老用户可以获得小米赠送的 F 码，并且可以转赠，这就可以先让老用户"动"起来；新用户要想购买产品，就必须去寻找 F 码。这个过程中，他们必然会通过各种社交渠道和老用户产生互动，从老用户那里了解到很多产品方面的信息。

不难发现，这个过程和序列式社群运营中的"造势"很相似。潜在客户拿 F 码的同时，就会留下相应的联系方式，比如手机号、微信、微博，或者会关注小米的公众号、微博。这样一来，拿到 F 码的潜在客户就很自然地进入了小米的潜在客户流量池，小米也因此构建起了精准的流量池。小米手机一旦上市，就可以直接把消息推送给这个精准流量池中的用户，从而实现高转化率。

3.1.3　粉丝培育

大基数的粉丝数量是小米成功的关键之一。在粉丝培育这个环节里，小米在"制造参与感"这个点上几乎做到了极致。

在新产品正式上市之前，小米可以与精准流量池里的用户进行沟通，潜在客户可以在微博、QQ空间、公众号等渠道进行反馈，小米手机则根据潜在客户的意见与需求对产品进行改进。也就是说，小米手机的迭代过程，一直都有着粉丝的深度参与。

比如说，小米会通过MIUI论坛收集用户针对MIUI开发版的需求和BUG反馈，并据此在每周五发布一个开发版的更新，供用户升级。

再比如，一般企业是通过产品经理来挖掘、收集用户需求，然后做产品方案，进行产品迭代的。另外，工程师们通常是不对外公开的，用户根本感知不到工程师的存在。但小米的工程师经常会泡MIUI论坛，粉丝、用户和工程师之间有很多零距离接触的机会。

除此之外，小米一直在频繁组织老用户活动、基于产品的互动话题活动等。在这些环节里，我们能看到什么？没错，就是更高的参与度！对于粉丝而言，他们并不是在等待一个新品的上市，而是在参与、见证一件"按照自己的设想去设计"的作品的诞生！

毫无疑问，这种极深的参与感可以让这部分人群在整个过程中都保持着高度的注意力,对于最终"作品"的面世,他们的期待感也在一路上涨。

我们对比一下不难发现,这种抓取注意力、制造参与感、调动期待感的方式,正是序列式社群运营的核心价值所在。

3.2 电影《流浪地球》从造势到引爆的全流程拆解

相信多数人都有过走进电影院,看一部院线大片的经历。我们可以回想一下,有没有哪部电影,我们在正式观看之前对其是毫不知情的呢?显然,这种情况基本不可能出现。如果真有这么一部所有人都不知道的电影偷偷上映,那估计也不会有几个人去看。

实际上,一部新电影上映之前,我们往往会在影视频道、新闻、门户网站、自媒体等渠道看到与该片有关的信息,比如主要演员的访谈、明星的故事以及影片的精彩片段。

如果你经常去电影院,还会看到遍布于各个位置的电影宣传海报,以及各种标注着上映时间的易拉宝,也会看到一些演员跟商场合作举办发布会的消息。哪怕是在家里的数字电视上,都会看到新片预告。

所有这些都是影视剧公映前的造势,让你提前了解这部影视剧,因为现在不能看,所以就会制造期待。

以《流浪地球》为例,比起很多大片,这部电影的前期宣传周期并不长,但是自2019年2月5日上映后,90天的上映期里,国内票房高达46.55亿人民币,全球票房累计为6.998亿美元!

《流浪地球》取得了票房、口碑双丰收的效果,在这部影片的造势阶段，有 4 个要素起到了关键作用，这对于我们的社群运营也有很好的借鉴意义。

3.2.1　IP 效应

在足够强大的 IP 效应下，可以说《流浪地球》是带着"光环"诞生的。

影片改编自刘慈欣的同名小说，而以《三体》斩获"雨果奖"的刘慈欣，毫无疑问是中国科幻文学的代言人，可以说是自带流量的。在国内硬核科幻题材影片一直表现不佳的情况下，这部电影备受期待也是自然的。

当然，主角吴京在《战狼》中积累的人气和口碑也为这部影片提供了极强的 IP 效应，即便网上有不少"黑粉"的存在，也丝毫没有影响《流浪地球》先天性的话题热度。

那社群运营呢？我们运营者可能首先想到的是内容、粉丝等，这些自然都是社群运营的关键要素，但同时，还有一个点是不能忽略的，那就是社群的"人设"（关于人设方面的具体内容，后续章节中会详细介绍）。

一个社群的号召力，不仅来自于内容、价值，还来自于社群"人设"的 IP 效应、社群"人设"的自带流量，这些都会在运营中给我们提供极大的助力。

3.2.2　造势内容策略

《流浪地球》是一部科幻题材的影片，但是对科幻并不"感冒"的大有人在，如果把这部分基数更大的人群排除在外，那恐怕最终的票房无法达到理想的高度。

因为影片定在春节档，这个时期惯常是喜剧类型影片的天下，数量庞大的女性观影群体也不见得对"硬核科幻"的概念感兴趣。在进行造势宣传时，片方选择了多层面的宣传策略，针对不同人群围绕不同的重点进行宣传。

比如其中的亲情主线，就更适合"过年"这个背景。针对这个点，片方还专门制作了一段"父子版"的预告片。

而保护地球的家国情怀，也很能打动一大部分对科幻题材并不感兴趣的人。

除此之外，在网上发布的多个版本的宣传片也制造出了很多不同的话题，通过对大众情感的无差别覆盖，进一步扩大了影片的受众范围，这为此后的票房奇迹打下了坚实的基础。

比较起来，社群场景下的人群共性更明显，大家可能都对某一个方面感兴趣。但是在这些有着明显共性的人群里，个体的需求一定是有差异的。

作为运营者，如果提供内容仅是为了让所有人都能接收到是不够的，我们同样需要考虑有针对性的多层面的内容，用这个来保证我们在价值层面对社群成员的无差别覆盖。

3.2.3　信息披露节奏

2018年11月4日，《流浪地球》发布科幻特辑，制片人向大家讲述了与影片筹拍、特效制作等相关的辛酸历程；

2018年12月3日，发布"行星发动机版"预告及"行星发动机城市版"海报；

2018年12月12日，发布"行星发动机全景版"海报；

2018年12月19日，发布"创想特辑"，恢弘的空间站、精密的太空舱、别有洞天的地下城、铁甲洪流般的运载车悉数呈现……

是不是有一种冰川一角徐徐展现的感觉？这种信息披露的节奏，吊足了观众的胃口。实际上，这也是序列式思维的典型体现。

我们在社群里对活动和产品的塑造，同样也要具备相应的序列式思维，给用户制造出足够的期待感。

3.2.4 延续热度的二次传播

影片上映并不是"造势"过程的结束。《流浪地球》在上映过程中，很好地抓住了观众感兴趣的信息传播点，并且以这些点为基础形成了新的热点话题，有效延续了影片的热度。这些话题的传播，有效地拉近了影迷、影片以及明星之间的距离，大量的推荐、转发就是在这种互动中产生的。

其实不仅《流浪地球》是这样，很多影视剧上线过程里，造势动作都是从初期宣传一直延续到上映之后的。比如现在很多影片可以通过微博这种社交平台，让影迷直接经历预售、购票、等待上映的过程。像刘德华、古天乐等主演的电影《扫毒2：天地对决》公映前，我们会在抖音上看到大量刘德华和古天乐的短视频，有鲁豫采访的，也有其他类型的。总之，只要关注影视的人，那几天一定会刷到关于两位演员的各种故事。这些都是上线之前的造势，一方面抓住用户注意力，另外一方面引导粉丝们参与互动、讨论。

当电影上映的时候，我们在很多媒体上还会看到跟电影有关的话题视频，比如《扫毒》中地铁里那一段剧情，为拍摄效果，当时的场景是投资 1 个亿搭建的……这类话题的持续发布，其实也是发售流程的继续，都是为了在影片上映过程中（也就是发售后）保持用户的注意力。

我们在社群里组织发售也是如此。发售并不是一个单独的动作，最终的成交转化率往往与我们进行的"二次动作"有着密切的关系（这个环节中的一些具体操作技巧，在后面章节中会有详细解析）。

第二篇

序列式社群运营的两大基础

第4章 CHAPTER

"软件"基础,确立以人为本的社群运营思维

序列式社群运营,是提高社群生产力的神兵利器,但是,要想让这柄"利器"真正发挥威力,我们首先要打造出一个"先天充足"的具有强生命力的社群。

可以说,社群是我们实施序列式运营并取得成果的基础。而在社群建设方面,运营思维和营销思维无疑是构建社群的顶层策略。这个大方向正确,那我们就可以一日千里;反之,则往往容易事倍功半,甚至半途而废!

4.1 三大运营思维

随着应用渠道越来越多、适用行业越来越广,社群已经不再是一个单独的场景，它正在向着一种"生态系统"演化。

之前，我们更多是把社群当作一种工具，或者说，它提供了一个可以让我们进行各种营销动作的场景。但是发展到现在，我们很容易发现，越来越多的人正在进入这个场景。他们就好比社群这个"世界"里的居民，这些居民对于"居住体验"的诉求是不断提高的：一开始是"饱暖"，接下来是"精神满足"，进一步是"价值感"等。

那相应地，我们对于社群的态度，也不能再是简单地进行维护、管理，而应该有一套成熟完备的运营思路，让每一个社群成员都能在我们的社群里得到更符合预期，甚至是超出预期的体验感。

在这里面，三大运营思维是确保我们的社群生态系统健康发展的重要基础。

三大社群运营思维

4.1.1 文科思维

在了解文科思维之前，我们可以先来了解一下与其相对的理科思维。

在原来的流量电商营销领域，理科思维是一种应用广泛的思维，我们随处可以看到"数学性"极强的表现。

流量电商营销讲究数据，一切都拿数据说话：回报率、转化率、成交率、浏览量……甚至于在电商思维指导下写出来的标题、文案，都带着浓烈的"理科"味道，比如我们经常看到的"大码男装""大码女装""瘦身女装"这样的关键词，其实很难给消费者带来感性的体验，它们的优势在于易于统计，很容易转化为"数据"呈现出来。

而社群营销就不是这样了，我们在运营社群的过程中，更看重的是文科思维，或者说，我们更多用"语文"的方式去表达。

就拿文案或者公告来说，我们优先考虑的是这个文案写出来后，能不能让客户产生感觉、能不能触动他的内心、能不能吸引到他。

【举例】

我们家小区有个生鲜团购群，虽然我偶尔会买一些，但是作为一个社群营销人，我一直留在群里的主要原因是：这个群主在群里讲话、做事的方式让人很舒服。

虽然他是做生意的，但是你会觉得他没有那么势利。他经常会在群里跟大家聊聊天，逢年过节经常发发红包。当有人在群里提他时，他总是第一时间回复。而不是像其他团购社群那样什么话不说，只知道每天往群里发订购链接。更为关键的是，每次他发生鲜商品消息的时候，都像是在跟你说话，而不是发广告，比如下面这些。

亲爱的家人们，今天好多优惠等着你们呢。前腿肉、后腿肉23.8元一斤哦，排骨32.8元一斤哦，黄金瓜10元三斤，8424西瓜3.5元一斤啦，不甜包换。

亲爱的家人们**要吃红烧排骨的可以约了哦**，马上出锅啦。

亲爱的家人们，今天特价又来了：

东方蜜 3.98 元一斤，新鲜到了极致哦；

黄金瓜 3.8 元一斤啦；

白萝卜 0.99 元一斤。

8424 西瓜也来啦，还有很多优惠等着你们呢。

今天还有更多活动等着我的家人们选购。

白皮鸡蛋一板 15 元，还是 30 个哦，太实惠、太划算啦！

各位家人们，店里**整顿了两天，28 号正常营业了，欢迎家人们回家啦**！

你留意一下我加粗部分的文字，当加上这些文字的时候，有没有一种"这才是邻居"的感觉？实际上，群主在发上面这些活动的时候还加了些表情，看上去更舒服。

为什么有些直接发广告的微信群转化率、成交率很低？就是因为他们还在沿用传统的电商流量思维。

我们看到的大多数团购群或者社交电商群的活动信息一般表达都是很官方，我们来看 3 组案例：

【案例一】

KFC 直播限时放券，直播从晚上 20:30 开始，但是 13:00 以后就可以下单了，扫码进群，更多优惠推给你！

5 份圣代 39 元！

10 份黄金鸡块 67 元！

10 份热辣香骨鸡 68 元！

20 份烤翅 165 元！

更有超满足的五一大桶，只要 89.5 元！

最后一天哦！有需要的可以看看，很优惠的。

【案例二】
风柔雨润花好月圆
良辰美景期盼年年
幸福生活天天相黏
送你【苏泊尔电饭煲】
在这里帮我哟~
（此处省略链接）

【案例三】
重磅推出
第二期国学公开课
时间：5月1日—4日连续直播
上午：09:00—11:30
下午：14:00—17:00
晚上：19:30—21:30
欢迎大家收看并分享转发。谢谢大家！

对比一下这几个案例和我之前举的生鲜团购群的例子，是不是觉得前者很让人反感？但是，如果你换个场景，换到电商平台，比如淘宝上，运用这样的思维去发这样的活动信息，人们就会感觉很正常。

大家来到一个社群，难道只是为了买东西？我们不要忘记社群的一个先天属性——社交，他们被一个社群吸引进来，首先是来进行社交的。如果我们还是保持传统的卖货思维，把社群当成一个商场，上来就直接卖东西，用生意人的语言在群里与其他人沟通，转化当然就不会好。

所以，我们首先要从转变社群运营思维开始，我们要具备文科生思维——先有交情，后有交易。

我们在社群里说话要有情怀、有温度，用平常心和客户对话。社群运营者要做专家，不要做商家。人们来到这个社群，看到组织者是个有文化、有思想、有内容的专家，才会对社群提供的价值产生兴趣。

4.1.2 用户思维

工业化时代是"产品为王"的时代，盛行的是"以产品为中心"的思维。那时人们的惯性思维就是：我有什么产品，然后我通过哪些渠道去卖……关注的重心是如何把产品推销出去。

而社群运营关注的是什么？社群运营是以用户为本的，倡导的是以人为中心。我们首先考虑的不是产品本身，而是那些目标用户在哪里，我们通过什么样的内容能够把他们吸引过来。然后我们要先把这些人圈到我的私域流量池里，再慢慢地反复使用这些流量。

从"产品为王"到"以人为本"，这不仅是一个简单的观念转变，它的背后还是一种不可逆的大趋势！

过去 20 年，互联网把人变成了"机器"，越来越多的工作都变得自动化、流程化了。开车有自动驾驶，不再需要驾驶员了；写稿子用讯飞输入法，语音快速转文字，不再需要敲键盘了；开会议有实时文字记录，不再需要速记员了……

越来越多的人在变成"机器"，那机器能替代人去生活吗？显然不能。人与人之间的情感交流、互动交际，是生活中不可或缺的元素，它就像阳光、空气、水一样，是我们的生活必需品。

而社群营销的"以人为本",就是要把"机器"再变成人。大家不妨想一下杜蕾斯的小杜、招商银行的小招、三只松鼠的小松鼠……

为什么越来越多的品牌,开始用"人"的形象替代以往冷冰冰的LOGO？显然,人们更喜欢的是那种有温度、有情感的互动沟通,而不会有兴趣和一个冷冰冰的品牌标志进行互动。而社群运营同样如此,人们更喜欢在群里进行有温度、有趣味的聊天,而不是天天看你在群里丢团购链接。

【举例】

2019年社群大会后,有人找我给他们做社群辅导,在我给他们开私董会时,他们很骄傲地说,自己手上有很多个群,全部由机器人自动化管理。

我让他们把我邀请进群里面观察一下。进去之后发现跟我想象得差不多,其实不进群我也知道会是什么样子。因为用机器人管理是很机械的,当有人进群后机器人会欢迎,虽然省了很多事,但是粉丝看到是机器人,也就不会在群里继续交流了。因为机器人采用的都是千篇一律的标准话术,长此以往群成员就会不再关注这个群了,所以这样的群运营方式很难保持长久活跃。

4.1.3 伙伴思维

在以往的营销模式里,买卖双方在一定程度上处于一种"对立"的状态。在意向客户眼里,我们就是在盯着他们的钱包,他们会不由自主地进入戒备状态。而我们呢？要实现成交,就不得不想尽办法"撬开"客户的钱包。如此一来,暴力叫卖、甚至道德绑架式的成交也就屡见不鲜了。

但是在社群运营的理念里,是没有这种"对立"鸿沟存在的。把一个意向客户拉进群里，我们首先要考虑的并不是从他那里得到什么，而是给予他什么。

有句话说得好：将欲取之，必先予之。这句话来自老子《道德经》。意思是说，想要夺取它，必须暂时给予它。这句话其实也是社群运营指导思想。

社群，对于那些新加入或者还没加入的成员来说，其吸引力肯定不会放在我们要进行营销的产品上，而是会放在这个社群能够给到他的价值上。也就是说，他们来到这里，是想先有所收获的。

我们不妨设想一下，我们加入一个社群后，通过该群持续得到很多有价值的信息，其中很多是自己非常需要的东西，这时候，我们与社群运营者之间是什么关系？显然，不会是对立的买卖关系，而是一种伙伴关系。社群没有从我们身上索取什么，相反，它还无私地给予我们一些价值。在这种情况下，社群与我们之间的信任感的建立，是不是就是水到渠成的事情了？

随着这种信任连接的日益加深，我们社群运营者之间是不是就成了一种"利益共同体"？如果我们作为社群运营者，在运营阶段完成了这种关系的建立，那后续的转化过程中还会有什么对立的鸿沟吗？

【举例】

我帮一个做果饮产品的徒弟策划过一个社群。在我们这个新社群搭建起来之前，他们在直播间、招商会上向团队传递的内容是如何通过逼单让客户刷卡，每组安排一个工作人员，实现人盯人。

纵然团队口号喊得很响，但是能看得出团队中的小伙伴们是不自信的，尤其是销售讲到跟客户促单的时候，虽然声音很大，但是毫无激情。当我给他们做了社群化改造之后，外界条件虽然都没有变，但是他们明显更有自信了。

这种力量源于利他的信念，他们不再是跟客户对立的、赚客户钱的人，而是跟客户"一起变瘦、变美、变健康、变有钱"的伙伴。

从利他到互利，以信任为基础，建立"共生"关系，这就是社群运营里的伙伴思维。

4.2 八大营销思维

运营思维可以保障我们的社群在一个健康向上的轨道里前行。而从运营到发售的路径设计过程，营销思维也会起到关键作用，对最终的转化效果产生影响。下面这八大营销思维，就是指导我们进行具体营销动作的"指南针"。

4.2.1 社群的核心是聚人

社群是一个聚集人流的场所，对于其中的若干个体而言，社群就好比一个共同的"焦点"，能够吸引客户和商家往同一个方向汇集。

对于商家而言，可以把社群营销简单地理解为：把一些有共同痛点、有共同需求的人通过社群组织起来卖东西。只不过，以前的营销是把产品生产出来，再去找人推销。而现在的社群营销则是先找到一类人并把他们聚集起来，然后为他们提供产品与服务。

那么如何才能更好地把人组织起来呢？

当我们去号召别人加入社群时，我们是不是需要明确地告诉对方我们要做什么事情？我们要做成什么样子？这些信息其实就是社群文化的体现，即社群的使命、愿景、价值观。

社群文化是社群凝聚力的源头，只有个体们有着共同的方向、共同的追求、共同的焦点，社群这个整体才能够体现出足够强大的核心凝聚力！

【举例】

我不是很胖，但是为了让自己的精神更好一些，我加入了一个自媒体朋友创建的瘦身社群。在他的群里打卡20多天后，我瘦了20斤。我在这个群里知道了碳水化合物类的主食摄入过多是导致肥胖的一个主要原因。

在我所知道的主食中，碳水化合物含量最低的是魔芋类食品。于是我想，如果我要卖魔芋做的素毛肚、精粉、粉条之类的产品，我就会以肥胖作为话题，把想要瘦身的人组织起来形成一个瘦身社群，再进行魔芋产品的销售。

4.2.2 社群组织人的核心是找理由

当我们希望对方加入我们的社群时，对方会不会无缘无故地就做出动作？显然不会。我们需要给对方一个行动主张，也就是给对方设置一个"起点"，让对方可以顺理成章地进行后续的动作。

如果连你自己都没有想清楚别人为什么要进你的群，那么你如何说服别人加入呢？

如果连你自己都不知道产品能解决什么问题，那客户为什么要从多个同类产品或服务中毫不犹豫地选择你的？所以这时候就涉及一个该如何让客户认可你的问题。

所以，从自身出发找到充分的理由，为那些意向客户设置一个顺畅的动作起点，是社群营销里非常重要的一环。比如说，可以通过回答以下问题来"找理由"：

- 我为什么要加你为微信好友？
- 我为什么要进入你的微信群？
- 我为什么要跟你互动？
- 我为什么要购买你的产品？
- 我为什么要帮你传播，并介绍朋友过来？

找理由的过程，其实就是自我梳理的过程。通过寻找这些理由，我们不但可以给客户找到一个合理的行动主张，而且能够进一步明确我们所能提供的具体价值。

【举例】

我们做过一家面向2~12岁孩子提供教育综合体的社群运营项目。社群最终的运营目标是争取更多的家长到商场消费。销售人员在拓展业务的时候，首先要让家长添加商场专业老师的微信，然后进入商场的微信群。通过参与群里的互动活动，体验到商场的价值，并因此建立信任。之后才是成为商场的会员，才是不断续费，才是介绍身边的家长到商场来。

家长为什么要添加老师的微信？

理由：加了老师的微信，老师会拉你进入一个群。

为什么要入群？

理由：在群里，自家的小朋友可以参与联谊活动，可以增加小朋友的见识和社交能力，而且是免费的。

为什么要参加群里的活动？

理由：通过专家讲座可以学到东西；联谊活动可以扩展小朋友的圈子。

为什么要购买会员？

理由：成为会员可以全年无限次带小朋友在这里畅玩，在一个地方就可以完成所有兴趣班的学习，不需要到处奔走接送，还可以……

为什么要续费（复购）？

理由：现在续费是半价。

为什么要推荐？

理由：推荐 5 位家长进群或者加老师微信可以获得价值 100 元的 5 张游乐场门票。

4.2.3　社群留人的核心是内容

不能保持注意力，就不要吸引注意力。

为什么很多人创建一个微信群，这个群热闹几天后很快就会沉寂下去？大多数情况是因为出现了"内容缺失"的致命症状！

因为你并没有提前规划好这个群后续要提供什么内容，更没有做到有节奏、持续性地向群内输出内容。久而久之，获取不到任何价值的群友们，注意力自然就产生了偏移甚至消散，这个群的沉寂也就在所难免。

如果说你没想好这个微信群要干什么，能够为大家提供什么，就贸然把别人拉到微信群里，那你就是在向这个群里的人宣布你即将失败！

而且，一旦让群友体验到了这种失败，那么就会大大降低他们对你的信任。之后你如果还想组织第二波活动，难度就会呈现指数级提升的趋势。所以，当我们还没想好如何保持群友注意力的时候，尽量不要先吸引注意力。

创业就是一场修行，营销就是一场修炼。真正的营销高手，不仅能够吸引客户注意力，更重要的是能够保持客户注意力。谁能够成为保持客户注意力的高手，谁就能够吸引到更多人的关注。而当你能够保持这么多人注意力的时候，他们自然而然地就会帮你去传播。而保持客户注意力的核心是"内容"。

【举例】

我曾经支付了699元加入一个付费社群，然而这个社群从来没组织过任何活动，也没有出现过任何讨论，最后群主被喷得不敢露面，大家纷纷要求退款。

这样的群还有很多，一个做纺织的负责人，在一次大会上加了很多人微信。之后他创建了一个群，拉了很多人进去。建群之后，他一句话都没说，甚至没说这个群是做什么的。不到一个星期，群里开始天天出现各种广告，还有一些乱七八糟的视频和不堪入目的图片，于是大部分人退群了，剩下的很多人估计也把这个群屏蔽了。像这样没有内容的社群，是根本无法留住人的。

4.2.4 源源不断的流量，源于强大的后端

不管你是个体商人还是企业家，我想凡是做生意的人，都希望自己能够拥有海量的流量、用不完的粉丝。但是在这个问题上，很多人又很容易进入一个误区：光想着抓取流量，而忽略了对流量通道的设计。

打个比方，我们的社群就好比一个容器，在社群之外的大量的人就好比我们可以抓取的流量。我们想让这些外部流量进入社群这个容器，首先要让容器可进入，如果这个容器是密封的，流量还能进来吗？

显然，我们一定要准备一个可以让流量进入的"入口"，这个"入口"就是强大的后端和完善的吸粉体系，这是不可或缺的基础。只有把这两点都做好，我们才能把想要的流量持续不断地吸引进来。

如果我们从产品角度来看，那就至少要打造两个产品：第一个产品叫流量产品，第二个产品叫利润产品。

流量产品就是我们设计的"入口"，它一定具备低门槛、易接受的特点，是整个产品体系的前端，主要目的是把更多的人吸引到我们的产品体系中，而不是用来赢利。

我们可以把流量产品让利给消费者，让利给那些自媒体人，也可以让利给代理，以此实现消息的快速扩散。

通过流量产品，我们尽可能多地筛选与聚集精准的潜在客户，然后再通过利润产品赢利。

利润产品是我们产品体系里的后端。经过前面流量产品的筛选、过滤，接触到后端产品的意向客户，都是对我们的产品有一定信任度的人，也对产品价值有更高的认可度。

当然，这也需要我们的利润产品本身具有相匹配的价值。而且，后端产品越强大（给予意向客户的价值感越高），运营团队、代理商就越能从中获得丰厚的利润。这样，他们的动力会更强，能分配给前端流量产品的利润空间也会更高，进而可以吸引更多的客户进来。这是一个良性循环。

【举例】

在互联网创业知识付费行业，大部分团队会至少运营3个社群。我的早期知识付费社群的入群价分别是99元的、1980元的和5万元的，第一个99

元的社群全部分给团队做销售,第二个 1980 元的社群的 80% 收入给了销售团队和代理,这样后端 5 万元的在线社群发售咨询就拥有了源源不断的客户。

如果条件允许,还可以根据情况,适当设置"留量产品"以及"裂变产品"作为补充。

产品矩阵

4.2.5 社群拉新策略:把一切有价值的东西打造为拉新主张

吸粉、拉新几乎是目前所有商家在努力突破的困境,那么如何才能更好地拉新呢?其实这个问题,我们可以从两个层面进行解读。

首先,价值是源头,它是吸引力的根本来源。没有价值的社群,就是无源之水,定难长久。

其次,我们要学会对自我价值进行深层次、多元化开发,也就是要用开源思维,从我们的基础价值点里开发出更多的相关价值点。而在社群营销里,一切有价值的东西都可以成为拉新的主张,也就是成为吸粉的理由。

【举例】

精壹门私董张茜,经营小麦胚芽油,面向的客户对象主要是小升初的学生家长。于是我们就帮她打造了一个名为"中考状元食谱搭配交流群"的群。身为孩子的父母，一开始可能会拒绝了解小麦胚芽油，但是如果有一个群能让父母们一起交流食谱搭配，为中考的孩子提供更科学的膳食搭配，我想绝大多数父母是不会拒绝的。因此提供食谱搭配交流，就会成为吸粉的一个主张，而且吸引来的人都是精准的潜在消费客户。

有一次，我在群里组织大家一起用接龙的形式做了一个共创群规的活动，完成后我跟大家说："这是咱们这个群集体创建的群规，大家可以拿去吸粉。"比如你拉群时可以告诉大家，你手上有一套非常全面的群规，是在500人的大群里共创出来的，适合大多数社群场景，进入你的社群的人都可以免费获得。这就是一个很有效的拉新主张。类似这样的案例有很多，一本有价值的电子书、一段有价值的课程录音、一篇笔记、一个会员资格……都是可以拿来吸粉的。

吸粉的关键点就在于吸粉主张的打造，而吸粉主张并不是只能从产品本身的基础价值点出发来设计。我们完全可以从基础价值点出发，衍生出多个不同的价值点，而每个有价值的点都可以成为我们设计不同吸粉主张的基础。

吸粉主张打造好之后，就可以找吸粉的渠道了，比如去各个潜在客户可能驻留的渠道、平台，用我们打造好的主张去吸引他们。

4.2.6 社群自运转策略：为用户规划一条"升级打怪"的成长路线

既然营销的主要目的是成交，那完成了成交动作，是不是就意味着营销流程的结束呢？其实不然。从本质上来说，营销就是帮助客户更上一层楼。

知名营销大师刘克亚老师曾提出过一个观点：身为营销人，你不只需要为别人解惑，还需要为别人种惑。

【举例】

我有一个学员曾经和我描述他的经历。多年前,那时候他还没有车,也没意识到需要买车。但是某一天他骑着自行车在路上走,被突然呼啸而过的一辆车吓了一跳,之后突然有了这样的想法:我要是有一辆车就好了。

两年后,他有了第一辆自己的车,虽然只是几万元买的普通汽车,但是他依然很高兴。后来他有一次和朋友聊天,被朋友的一句"几万块的车的性能和舒适度,比二三十万的车差太多了"激发出了更深层次的欲望:要是有一辆二三十万的车多好。

后来他通过努力换了一辆20万元的车,但之后他又想要一辆特斯拉……

在上边这个案例中,学员把车作为自己的奋斗目标。实际生活中,我们会有很多其他形式的目标,比如职位的提升、能力的增长、人脉圈的扩大、生活的美好等。在社群营销中,我们要做的则是一步步为客户设定目标,逐步指引对方前行。

客户获得了我们提供的流量产品,并帮他解决了最基础的问题,但这并不意味着营销的结束。我们还要为他规划更高的追求,促使他去获取更高价值的东西,从而让我们有机会为他提供更完善的服务,解决他更深层次的问题。

【举例】

对于精壹门的学习体系来说,我们设定了科目1、科目2、科目3、科目4的考核。通过不断进修,学员可以逐步从初级社群营销人、中级社群营销人,慢慢向高级社群营销人、社群营销大师迈进。这种成长路线对于学员来说清晰可见,也能一步步刺激学员进行深度学习,最终成为一名能玩转社群运营的专家。

4.2.7 社群铁杆粉丝培育法则：低承诺、高兑现

把潜在用户变成用户，把用户变成粉丝，再把粉丝变成铁杆粉丝，这是很多人期望实现的转化路线。从本质上说，这就是一个俘获客户忠诚度的问题，那客户的忠诚度又从何而来？在很大程度上，忠诚度来源于满意度。

当下很多人为了与客户成交，为了从客户那里获得利润，都在对产品优点和作用进行夸大，即进行的是夸张式推广。最后交付的产品根本没有达到客户预期的效果，甚至没有达到销售人员承诺的效果的十分之一！这样的做法，可想而知会换来客户怎样的满意度，最终的结局也只能是失去一批又一批客户。

如果想要培养自己的忠实客户，想要实现口碑传播，就必须做到**低承诺、高兑现**，即给予客户超过其预期的产品和服务。

"朱熹理学"中有一句话是"存天理，灭人欲"。什么是天理？按照我的理解就是：如果肚子饿了，想吃东西，那吃饱肚子就可以称为天理；如果肚子饿了，还挑食想吃大鱼大肉，那就是人欲。再比如，困了想睡觉，那找个合适的地方睡下就是天理；如果还想找一个非常舒适的酒店甚至五星级酒店来睡觉，那这就是人欲。

回到我们做营销的过程中，兑现了承诺并提供给客户基本的服务，即"天理"；如果我最后提供的是"人欲"，即远超客户预期的更好的体验，那么客户的满意度肯定会得到极大提升，而且客户的忠诚度也会随之大幅上扬。

【举例】

对于精壹门私董会的高级会员，我们承诺7项权益，其中包括给他们一

整套社群营销方法、一次在线内训等，但从来不承诺向我们的粉丝推荐他们。不过，进入我们的私董会之后，我们会告诉他："我们社群的流量就是你的，你都可以使用，只不过仅限于推你的人而不是推产品。"这就是一种超乎预期的超值体验。

需要提醒的是，我们所说的**低承诺、高兑现绝不等同于与"夸大其词"**相对的另一个极端。在 2013 年的时候，有客户找我做公众号平台开发。他问我："你们来帮我开发一个微网站，能为我带来多少利润？"

我回答说：我们提供的是网站搭建服务，提供的是工具，我能保证的是这个工具好用，这个网站的功能完善。但是，这个网站能够为你带来多少业绩的提升，是属于运营的事情。就相当于你开服装店，你难道会问装修工人"你给我的店装修一下，能带来多少利润"吗？这是一样的道理。

所以，低承诺、高兑现指的是基于事实，给出实实在在的承诺，并把实际的服务做好，超越对方的预期，这也是社群裂变的底层原理。

4.2.8　社群营销终极秘籍：精耕细作、精一精进

社群给了我们一种全新的营销思路，给了我们更多的营销可能，给了我们一种流量变现的途径……甚至可以说，社群正在改变营销的生态。那么，对于我们这些投身于营销领域的创业者来说，有了社群是不是就可以予取予求了？

答案是否定的！社群营销取得的一切成果都来自"培育期"的精耕细作。

我们不妨想一下春耕秋收的过程，从最初的耕地到最后的收获，

并不是一蹴而就的。如果没有耕、种、水、肥……这些培育期的付出，又哪来秋收的累累硕果？

相比于农耕，每一个社群运营者对社群的运营维护应该更为细心、悉心才是。毕竟农作物的生长是有规律可循的，只要不违背自然规律，就不会出现什么大的偏差。但是社群里的"个体"不同，他们对你的信任无法在短时间内建立，却有可能瞬间崩塌；他们对社群的归属感无法在短时间内形成，却有可能在几天内消散……

当然，精耕细作般的付出意味着成本的提高，所以我们的社群营销思维里也一定少不了"工业化生产"这个关键点。

社群营销的优势在于，一套成功的模式，是很容易被复制并取得成功的。也就是说，表面上看起来，我们精耕细作般地维护一个社群并完成最后的营销目标，成本很高，但这个过程走下来，我们得到的不仅是这一次营销的成果，还有一套可以实现"量产"的营销模式。

结果很重要，过程更重要。我们只看到带货主播一场动辄几十万元、上百万元的销售业绩，却没有了解他们幕后从选品到筹备再到导流这整个过程的精耕细作。我们只看到明星在亿万观众前的闪耀，却没有关注到幕后有多少人绞尽脑汁做策划，还要有几百万甚至上千万元的推广投入，以及为了那几秒的高光而在幕后进行的无数次排练。

我花 10 年时间琢磨如何通过社群进行发售，你不能只看到我只用 10 分钟就拿了 100 分的结果，还应该看到我在这 10 分钟背后付出的 10 年努力。

春天播种，夏天育苗，秋天丰收，冬天储藏，这是自然规律。

第5章 CHAPTER 5

"硬件"基础，搭建可持续运营的高价值社群

运营思维和营销思维能给我们社群运营策略方面的指引。但是再高明的策略，也需要有相应的实施对象才能够进行"实战"。对我们来说，就是要有一个"合格"且"健康"的社群。

相对于前一章讲到的两大类"软件"思维，社群本身的条件更像是一种"硬件"配置。它往往会成为社群的"先天属性"，并决定社群的"后天高度"。在这个方面，我们主要考虑两个标准：社群的价值和社群的可持续运营性。

也就是说，我们要搭建的社群，一定是具有高价值且可持续运营的社群。

5.1 高价值社群的 7 个要素

一个社群，就是一个"小世界"。毫无疑问，被吸引进来的人，都是对这个社群有好感的人。当然，这种好感更多的是一种最初的兴趣，就像是一见钟情。因为我们的社群定位或者社群主张里有他们感兴趣的内容，所以他们愿意进来，愿意做进一步了解。

只有经过一段时间的"沉浸"，他们对这个社群的好感没有消散反应逐步加深，那么这种好感才可能会升级为对社群的归属感。而这种归属感最终的表现形式就是对社群的"黏性"——凝聚力、向心力、忠诚度……站在用户的角度来说，就是这个社群是更有价值的。

社群的价值是在运营过程中逐步体现出来的，用户只有在群里亲身体验、感受，才能对其认可。但是要把一个社群打造成为用户心目中的高价值社群，在搭建之初，就一定要重视下面这 7 个要素，因为它们在很大程度上决定了社群价值的高低。

体现社群价值的 7 个核心要素

5.1.1 人设

人设，从狭义上来说，可以理解为"人物设定"。网络中所说的人设包含更多的含义，是一种**呈现在大众面前的综合性形象特征**。

至于社群里的人设，可以理解为社群核心 IP 想要对外呈现的身份属性。比如我是社群精壹门里面的一个IP，我对外的人设是"一名草根出身的实干派社群营销专家"。比如一个美妆社群，社群里的IP对外呈现的人设则是"一名懂化妆、爱生活、有点调皮可爱的美妆达人"。

再以一些明星为例。很多明星对公众所呈现的样子都是经过经纪公司包装出来的人设。比如某个明星，对外呈现的是一个成熟的职场精英形象或知心小姐姐的形象，他们自身原有的形象也许与对外呈现的并不一致，但是因为市场需要，所以被打造出了与自身不同的人设。

但是，人设对于社群的意义，就不仅是一个"超级IP"这么简单了。它是一个社群的标配，几乎影响着社群运营的方方面面，它是社群价值的直接"代言人"。在社群里，人设的影响力体现在很多方面。

（1）**人设就是流量**。就像一个实力派演员，他是自带流量的，无论走到哪里都会带来很高的关注度；又如一个有内容的讲师，他也是自带流量的，他出现的地方，就是人流汇集的地方。

人设是一种更有温度的标志。消费者会愿意加一个有人设的活人的微信，看一个有人设的活人的朋友圈，进一个有人设的活人构建的社群，而不会愿意加一个客服号，不愿意看一个客服的朋友圈，更不愿意跟"官方"私信聊天，尤其是聊自己的生活。

（2）**人设就是信任**。信任是转化和复购的保障，人们更愿意采纳自己喜欢和信任的人的观点和建议。格力集团的董事长董明珠说过一句话：找明星代言，空调坏了你找不到明星。找我代言，有什么质量问题可以找我。

这就是信任！用人设去表现产品和企业的好，比产品和企业自己说好更易让人信服。

（3）**人设提供无限鲜活的话题**。无话题不营销，无故事不传播。营销个人品牌远比营销企业和产品品牌容易。因为人设跟产品和企业品牌不一样，人有喜怒哀乐，有社交关系，到哪里都是话题，而且这些话题未必会让消费者感受到商业的味道。但是产品和企业品牌不一样，与它们相关的话题，一定是跟营销有关系的，这就少了很多与生活有关的"鲜活性"。

（4）**人设能让社群成员随时随地感受到有人在，进而感受到组织的温度和归属感**。拉新时，人设是那个到处混群的账号；引流时，人设是那个流量中心的微博、头条、微信等社交账号；互动时，人设用一个故事就能调动起大家的注意力；活动时，人设发个红包就能点燃大家的热情……

人设，在社群里无处不在，其扮演着一个为社群赋能的角色。当然，要做到为社群赋能，这个人设是要具备一些基本条件的——头像、网名、头衔、故事。之所以说这4个是基本条件，是因为有了这些特征之后，就可以构建出一个完整的人物形象：

（1）他是什么模样？

（2）他叫什么名字？

（3）他是做什么的？

（4）他有过什么经历？

人设的4个基本条件

知道了人设的作用及特征后，我们就会明白，社群在构建之初就应该做好这方面的准备，即为我们的社群设定一个合适的人设形象。在这个环节里，有两个原则供大家参考。

（1）**可以有多个人设**。一个社群的人设，对外呈现的不一定是一个固定的、一成不变的形象，其可以有多面性。也就是说，我们可以用多个人设，去有针对性地影响、凝聚不同的粉丝群体。

（2）**人设是筛选出来的，不是打造出来的**。精壹门的一个私董曾经安排团队中的一个女孩来参加私塾班，说准备将这个女生打造为他们社群的超级 IP。但在实践过程中我们发现，这个女生驾驭不了社群。一方面她不擅长社群的统筹协调，另一方面她在社群里进行沟通时总有些力不从心。

这种情况其实很常见。社群的人设与明星的人设不一样，明星的人设可以演，而社群的人设，尤其是营销型社群的人设需要接触更多真实场景，因此要求"本色出演"。所以说，我们在确立社群人设时，要将某一个人作为 IP 和人设的集中体现，是要从现有的人员中筛选出符合条件的那一个，而不是将不合适的人打造成我们想要的样子。

5.1.2 场景

"场景"原本是影视用语，通常指特定的时间和空间，或者是人为构成的具体的画面。它是人物表现剧情的某个特定过程。简单来说，场景就是什么时间、什么地点、在什么环境下、哪些人、干了什么事。社群里场景的概念，也包含 4 个要素：**时间、地点、人物、主题**。

主题，可以说是一个社群存在的基础。一个成功的社群必须是由特定主题聚合而成的，否则就是一群"乌合之众"的聚会场所，很快就会消失。

打造一个社群的主题时需要做到 3 点：**一是明确内容调性；二是能产生黏性；三是会产生传播**。

也就是说，要想用户加入并融入一个社群，首先就是要让用户接收到与社群主题相关的信息，并对这些信息产生兴趣；其次是用持续产出的好内容让用户产生黏性，让用户习惯在社群中接收信息；最后是依靠内容的调性和价值，形成社群的内容特点，进而产生传播性。

长期的内容积累会带来用户的积累，这和"量变引起质变"的原理一样，积累到了一定程度，就可以形成先发的行业壁垒。

场景在移动互联网中的应用有别于传统营销里的 4P 理论。它不同于销售渠道，而是由人物、地点、时间等多重维度界定出来的一个"小世界"。场景就是传播环境及相关因素的总和，也是营销发生的背景。

从另外一个角度来解读，场景就是"**时空 + 心智**"。

时空，就是什么时间、什么地点；心智就是强关系。例如，同样一瓶可乐，在小卖部卖 2.5 元，在星级酒店可以卖到 25 元，这两个价格消费者都会觉得正常，这就是不同时空下的不同强关系。

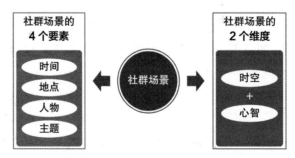

社群场景的 4 个要素与 2 个维度

场景有其固有的行为规则，而遵循这一规则的人聚在一起可能就会形成一个社群。反之，社群在遵循规则的时候也可能变成一个场景。社群和场景之间存在互相影响的特性：社群创造场景，场景孵化社群。

我们可以从这里得到一个启示，即**品牌要善于找到和发现场景，进而参与社群孵化，从而获得强大的社群影响力**。比如今天晚上我打算约朋友一起吃饭，这就是一个场景。我们可以通过不同的手段来实现这个场景。在没有微信的时候，我们会通过电话来联系各个朋友。但是在社群时代就不一样了，我们可以先建立一个群，拉所有朋友进来，然后开始交流讨论，所有事情都可以在社群内完成。

不难发现，每一个微信群都是建立在某一场景下的，一起出去吃饭的有吃饭群、一起出去玩的有出游群、一起读书的有读书群……

场景孵化出社群后，这个社群里就会产生消费行为。而这种基于场景的消费行为，对于商家而言是意义巨大的，因为它很有可能代表着一种和某个全新特定场景密切相关的新的商业机会。

比如小罐茶，一罐茶就是一泡，这是基于"出差的人带茶不方便，但又需要喝茶"这个场景产生的特殊的产品。

再来看江小白的场景。小聚、小饮、小时刻、小心情，相比于传统白酒的海喝习俗，这就是江小白的新场景，它提供的是"新生代场景解决方案"——嗨喝。所以江小白的 3 款主要产品都是围绕场景来提供解决方案的。比如说，4 斤装的"拾人饮"是一种 25 度的酒，可以作为团建酒。江小白还把团建这个场景继续细分为 4 个分场景：召唤、齐心、必胜、庆祝时刻。

还有王老吉，它和火锅这个场景建立了强关联；而红牛与长途开车建立了强关联……

上述这些都是场景营销的典型案例。而对于社群运营来说，因为社群的"场景性"更为突出，所以场景在社群里的应用也有着更多的可能。

5.1.3 用户

用户是社群的核心构成要素，没有用户就没有社群。

在构建社群的过程中，从用户的寻找，到用户的管理、维护，我们都要有一套正确的运营方法，这也是快速形成社群黏性的可靠保障。

（1）我们首先要明确社群用户的画像，着重强调用户的痛点和需求。他们会在哪里出现？会在什么样的社群出现？也就是说，我们要用对的主张、在对的地方找到那些对的人。

（2）要对用户进行分层管理。社群运营的核心是对关键意见消费者（KOC）的运营，即对超级用户的运营。

超级用户 = 超级热爱 + 自带流量

超级热爱，即他喜欢这个产品，喜欢你的服务；自带流量，即他本身有流量，或者有内容。如果没流量有内容，我们可以打造他；如果没有内容有流量，我们可以帮他运营。

超级用户在整个社群的用户群体里是一种标杆式的存在，他们往往会起到风向标的作用，成为社群黏性、社群凝聚力的生发点之一。在针对这部分人群的运营上，我们通常是按照以下三个步骤进行的：推出超级服务、吸引超级用户、运营超级社群。

在上述流程中，不可避免地要牵涉超级用户产品，在这一点上，我们可以用 3 个关键词去衡量某一产品是否可成为超级用户产品：控、发烧、DIY。

超级用户运营流程

（3）对用户进行标签化、精细化运营。如果说超级用户是支柱，那数量更多的普通用户就是基础。对于这些用户，我们同样需要进行精细化运营。

这方面的内容，在《引爆微信群》的第 5 章中有详细讲解，有需要的伙伴们可以自行学习。

（4）用户运营的目标是营造出一种让用户满意的社群体验，在这种体验里，以下三种感觉是最为关键的：

- 仪式感：它带给用户的是被尊重、被重视的"贵人感"。
- 参与感：它带给用户的是我来、我做、我得到的"成就感"。
- 存在感：它带给用户的是被需要、被认可的"价值感"。

5.1.4 内容

体现社群价值最重要的一个因素就是内容。

社群运营的首要任务就是打造内容，然后用内容吸引用户、留住用户、教育用户、转化用户。很多社群运营者认为社群的内容就是围绕产品，做产品相关知识的培训和教育，这是非常狭隘的理解。

社群是用来组织人的。我们想组织什么样的用户，就运营能够影响到这群用户的社群内容，而不是一定要让内容跟产品相关。

1. 内容产出模式

生产内容，尤其是持续生产有价值的内容，向来是社群运营者最大的痛点之一。经过近两年的实践和研究，我们找到了一些可持续的内容生产模式。

（1）**产品或服务**：与产品或服务相关的知识讲座、培训，以及团购、秒杀等优惠活动信息都属于社群内容的一部分。

（2）**拆书**：每个人的经验和知识都是有限的，如果只分享自己的知识，那大部分人很快就会被榨干，所以我们必须不断地读书来获取新的知识，用"别人"的知识滋养我们的社群。

而书有很多种读法。在《引爆微信群》里，我只是讲到了知识养群的方法，其中提到了在群里读书的方法。近两年，我又找到了一种有流程、有技巧的读书方法，我把它叫作拆书，并亲自跟拆书帮的创始人赵周老师学习了这套方法，并获得了拆书授权。

拆书是一门技术，掌握拆书技巧后，社群运营者就可以根据社群成员的需求挑选相应的书籍进行跨领域的知识分享，从而提供源源不断的内容。关于拆书的更多技巧，因为非本书重点，我就不在这里赘述了，这方面已经有完善的理论体系，大家可以自己学习。

（3）**专家讲座**：这是很传统的内容运营方法，就是请专家通过直播、演讲传授知识、方法。

（4）**社群读书会**：社群读书会是一种内容共创的新知识分享模式。在社群运营者的组织下，社群成员组建各种读书班委，带领社群成员共读、分享、打卡。这种模式可以有效提高用户的参与感、存在感。

（5）**社群游戏化运营**：如果你是做社群运营的，我相信，你一定希望自己的社群能自动化运营，社群里面的人能自动、自发地组织活动，自动、自发地分享干货，甚至为社群自掏腰包。而在社群里植入游戏化运营的思路，可以很好地帮你实现这一点。游戏化运营是内容自动产出的最好方式。下面将用一个小节详细介绍该运营方法。

2. 游戏社群

我一直在思考一个问题：这个世界上有没有一种方法可以让一个社群自组织、自运营？比如说不给钱、不给名，人们还乐此不疲地，自动、自发地维护群、组织活动，甚至还愿意给社群捐干货、捐钱？

那这个设想到底有没有可能实现？有！现在就有一种社群拥有这种特征，大家猜猜是什么社群？

没错，就是**游戏社群**！到底是什么魔力，让那些游戏社群里的成员表现出极高的主动性？是他们在游戏中获得的快感。这种社群不需要你出钱、不需要你组织。用户会自动、自发地组织社群，甚至还自己出钱来买各种装备或服务。

如果借鉴游戏社群的运营思维，其他类型社群是不是也会如此？特别是让营销型社群实现自组织、自运营？

在思考的过程里，我也跟做游戏开发的产品经理聊过，最终从《流量池》里找到了社群游戏化思维运营的核心，并且形成了一套完整的社群游戏化运营体系。

这套运营体系，可以把我们的社群成员代入"游戏"场景里，使他们不再像以往那样简单地"混群"，而是可以在群里实现"打怪升级"，不断闯关。这其实就像读书一样，读完小学，人们自然而然地会想要读初中，读完初中人们就自然而然地要去读高中……

在社群游戏化运营思维里，能激发会员打怪升级想法的要素有很多种，这里我跟大家分享3个。

（1）**点数、积分**：一个人在社群里参与活动、进行分享、刷脸或者刷红包……这些都可以作为考核依据，做到什么程度就可以获得对应的积分。然后举办相应的活动时，仅限拥有规定积分的人参与。

这些玩法、思路，我们已经在《引爆微信群》的读书会当中实际应用了。为了让读者更好地精读这本书，我们曾发起"淘金屋"活动。

【活动玩法】

由精壹门二当家、《引爆微信群》第二作者陈栋老师对每一个章节进行圈点，精选出80多个精彩段落，并基于重点段落，设置100道填空题。读者通过如下两步就可以参与该社群读书活动：

（1）**划重点**：按照每个干货段落前标注的页数，在书中找到对应位置，把填空题中空白处缺失的要点补齐。

（2）**读精句**：划出重点之后，根据引导，把每一个精彩的句子读出来。

《引爆微信群》中一共有12章，针对每一章都设置了"淘金屋"以及"读精句"活动，每完成一章的任务，就会获得1个勋章。当集齐12个勋章时，读者不仅能掌握书中的微信群运营思维和方法，还会获得一系列奖励——比如可以参与相应的活动、以优惠价购买相应的课程等。比如我们组织"社群营销狂欢节",只有拿到12个勋章的人才可以进入主会场群。

(2)**徽章**:点数和积分的运营就像是银行的"零存整取",会员们把平日里的收获存起来,到了某个活动,就可以集中进行兑现。这种收获感、成就感属于"长线"类型的。我们以游戏化思维运营社群的过程里,如果要提高成员们"打怪升级"的积极性,就一定要有一些"短线"类型的收获感、成就感,这能让他们随时看到自己的成就。在这方面,徽章是一种很不错的形式。

我们可以想象一下,一个人在群里表现活跃,比如刚刚做了一次分享,这时候如果我们迅速给他反馈,哪怕是给他一个大大的点赞、刷一朵鲜花或者发一个红包,是不是都能让他即时感受到自己的成果?因此,我们可以通过鼓励社群成员给分享者打赏,根据打赏人数的多少给予分享者不同的徽章。这能为分享者带来成就感和荣誉感。

除此之外,收集徽章这种形式,本身也是一个不断积累的过程,如同在游戏里闯过一关、战胜一个BOSS、得到一个"过关证明"……

拿精壹门的社群运营来说,我们要做的是帮助所有社群运营者从零开始成为社群运营专家。但是对于一个刚入门的会员来说,"社群运营专家"这个目标显得有些遥远,会使他因感觉距离终极目标太远而懈怠,这不利于提高他"升级"的积极性。所以,在这方面,精壹门设置了4个科目的考试,这就好比把一个终极目标拆解成了4个小目标:

★科目一——系统学习精壹门社群营销课程,之后进行考试,80分合格;

★科目二——社群搭建、社群活动和成交策划考核,运营者按照设定的考题完成任务就能产出一套社群运营方案;

★科目三——社群实战考核,根据科目二的社群运营方案搭建一个社

群,邀请专家团进群观摩考核;

★科目四——面授考核,通过组织"2天社群将帅营"和现场主持实战活动,掌握社群线下活动运营方法。

熟悉理论、实操演练、实战检验、线上线下结合,4个小目标,也是4个关键的节点、4个"关卡",完成4个科目的考试,便可以成为一名合格的社群运营者,掌握社群创业方法。同时,可以优先参与精壹门私董会的社群代运营项目。

通过这样的方式,每个成员都可以很清楚地看到自己的进步以及进步的轨迹,对于自己最终能达到什么高度也了然于胸,成员们"打怪升级"的热情自然就能高涨起来。

(3)**PK龙虎榜:**在线下很多人都玩过带有PK性质的游戏,但是很多时候,人们可能只是基于当时的那个场景或者基于人情参与。而在移动互联网环境下,因为组织者没有办法看到目标人员,所以目标人员完全可以不给面子,这就造成了组织者费力组织但参与者寥寥的尴尬局面。究其原因,还是没有真正激发起目标人员参与的欲望。

那么PK的真正价值到底在哪里?对于这个问题,我也是在和精壹门第二会长红娘交流后才有了确切的答案。

当时红娘参加了一个竞赛,参赛者们都在很疯狂地转发、集赞。我很好奇他们为什么有这么高的热情。红娘说因为有奖赏,但是他们得到的奖赏并不贵重,只是一个推送名片的机会!

更让我惊讶的是,这个名片推送也不是由什么自媒体"大拿"组织的,所以并不会让参与者涨很多粉。实际上,他们推荐一次后的涨粉效果,甚至不如我们在一个群里推荐一次的效果。

既然如此，他们为什么如此热衷？红娘的一句话让我恍然大悟：大家要的是一种 PK 氛围，成就感！

这让我想起军训的时候教官经常用来激发斗志的 5 个字：比、学、赶、帮、超。大家可以回想一下，在军训的场景里，我们是不是很容易进入这 5 个字代表的状态中？而处于这种状态时，我们的荣耀感、责任感、参与感都会自然而然地产生，几乎不需要再去刻意引导。

PK 也是如此，它是创造了一个场景，我们身处这个场景之中，会很自然地被激发。很多时候，我们没有什么需求，但是当我们进入 PK 这个氛围当中时，就会全力以赴，甚至会自己掏钱参与 PK，这就是 PK 的作用。

在社群游戏化运营过程中，我们要做的，就是有意识地设计出一个个的 PK 场景，让大家置身其中。榜单上人员的更替、名次的升降，会自然而然地调动起大家的情绪，让大家不由自主地投入进去。

5.1.5 规则

所有人都不喜欢受到规则的约束，但真的没有规则的约束时，秩序又会变得混乱不堪，影响人们的生活。这就是所谓的无规矩不成方圆。

建立社群也一样，我们在建立社群之前需要先建立社群规则，以方便日后的管理工作。好的社群规则不仅能起到约束作用，还有利于社群内容生产和提高活跃度等。

每个社群都是因为一个明确的目标而形成的，为了确保社群能够达到预期的目标，就需要设定相应的规则。

对于社群来说，一套清晰明了的规则能够指明社群方向、明确社群成员的构成、提出对社群成员的要求、形成成员应该遵循的原则。

社群的规则决定了社群的框架，没有基础规则的社群是很难运营起来的。可以根据社群调性，对社群规则进行设定。但是无论具体规则如何变化，其中一定要有相应的机制，比如奖励机制、准入门槛、日常规范、层级机制、活动规范等。在制定具体的社群规则时，大家可以参考以下几个主要方向。

社群规则制定方向

（1）**社群定位**：每个社群都应该有自己的文化调性及价值观并严格遵循，社群应只接纳具有相同价值观的成员加入，这是社群的最高规则（例如，精壹门的价值观是真诚、利他、务实、精进）。

（2）**入群规则**：加入社群的条件。

（3）**推荐规则**：以老带新的机制，社群老用户带新用户进群的推荐奖励规则。

（4）**运营规则**：明确社群成员如何参与社群的运营。

（5）**社群群规**：对社群成员在社群中的日常行为的约束、规范。

5.1.6 活动

人情靠互动，社群靠活动。

社群是一群人聚合在一起形成的群体，如果一群人聚在一起不做点事情、不搞点活动，那么为什么大家要聚在一起呢？社群活动可以让社群成员看到、听到、感受到社群的存在，从而慢慢找到归属感。所以说，活动是社群的必备要素。而社群活动的数量和质量，则是衡量一个社群好坏的重要标准。

社群活动分为线上活动和线下活动两种。注意：社群活动，无论是线上的还是线下的，同时也是**做给没来的人看的**。因为社群的一个特质是以"以老带新"的形式进行裂变，而活动在这方面就起到了非常重要的作用。

对于活动，参与的人都能直接感受到现场的氛围，领会到其中的门道。那些没来的人呢？他们若是能感受到现场的氛围但是领会不到门道，那他们会不会特别想参加下一次的活动？

线上社群活动形式多种多样，下面介绍几个我们私塾班里总结的特色玩法，大家学会后可以轮番玩，足够玩几年的：建班委、搞特训、搞读书、各种打卡（读书打卡、瘦身打卡、运动打卡等）、话题讨论、定时红包、抽奖、定时活动、经典语句分享、早晚报分享、365天的日历知识、节气海报、吐槽、热点话题、PK、干货分享、最新政策通知、优秀群主评选、音乐分享、搞笑视频分享、过生日、每日群星评选、社群日记、拆书、成语接龙、日总结、日精进、开晨会、开夕会、实时定位、抢麦、二手货交易、秒杀、拍卖、团购、方言大比拼、K

歌比赛、晒特产、猜价格猜中就送、晒素颜等。

线下社群活动同样丰富多彩：饭局/小饭局（10人饭局、8人饭局）、下午茶、沙龙、DIY、读书会、团队共创活动、开放空间活动、私人董事会、团建、禅修、健身运动、军训、演讲练习、年会、年中会、讲座、论坛、自驾、徒步、游学、企业参访、酒会等。

5.1.7 载体

社群是由人聚合而成的，人聚合在一起就需要空间、需要场所来承载。

社群成员之间需要社交，需要表达赞美、表达情绪、表达观点，这些都需要有个载体去承载。社群有内容，需要通过内容拉新、留存和促活，这些也需要载体去承载。因此，构建社群的时候，需要考虑将社群构建在哪里，因为这就是社群的载体。

那我们该如何选择社群的载体呢？主要需要考虑两方面的因素。

（1）**社群载体要根据用户习惯以及企业自身情况进行选择**。当下用户主要聚集在微信上，故社群载体以微信个人号＋公众号或其他自媒体＋微信群为主；有些行业的社群用户，比如中小学生，主要聚集在QQ系平台上，所以针对中小学生的社群以QQ空间、QQ及QQ群作为载体；针对女性用户，则可以将小红书等作为主要的社群载体；针对企业和政务用户，则以钉钉为社群载体。另外，直播平台、自媒体等都是很好的社群载体，一些有实力的企业，也可以构建自己的社群载体。

（2）**社群载体需要满足4个条件：**

- 有社交功能；
- 能沉淀内容；
- 能分享（像 CRM 不具备社交功能，不具备分享功能，起不到以老带新的作用，就不能作为社群载体）；
- 能触达用户，最好是零成本触达。

微信群、公众号、个人号都是可以实现零成本触达用户的社群载体；而抖音、头条号等，通过私信或者 push 也能触达用户。

目前，在触达用户方面做得比较好的就是钉钉，但是钉钉主要定位于企业内部使用。如果能将企业对外部用户的触达渠道放开，那触达率会大大提高。

5.2 决定转化率的 8 个要素

从"硬件"基础方面来说，一个高价值的社群，可以让我们的运营更有成效。但是从运营到发售，最终取得什么样的转化率，又不只和社群价值有关，我们所发售的产品或者服务拥有的一些属性，也会对此产生直接影响。

比如我自己经常会碰到这样的情况：有很多企业或者个人，他们会抱着一个产品来找我帮忙做发售；更有甚者在自己老家的特产市场买了一个产品，然后快递给我，让我帮他发售……

很多人往往认为，只要有了社群，那不管什么产品或者服务，通过运营都能通过最终的发售取得很好的转化率。甚至大家会觉得，只要把发售环节做好了，那就可以等着收钱了。这也导致很多企业把成交率低的原因，归结到销售人员或者发售人员身上，认为就是因为他们没做好发售,所以成交结果才不理想。其实,这种认识是不客观的。

在社群运营阶段,我们做的是对意向用户的培育;在发售阶段,我们做得更多的是收获培育的成果,即发售转化率。运营工作不到位,自然无法保证最终的转化率,但如果产品本身的某些指标不理想的话,那社群运营工作的优劣也无法得到真实体现,还会导致社群很难做到持续化运营。

这些年来,我已经策划、组织过多次从社群运营到发售的活动,在大量的实战中,我总结出了 8 个要素,这些要素都会对发售环节的转化率产生影响,同时,也会对社群运营效果产生影响。在这几个方面打下的基础越牢,那在社群场景里,我们进行持续运营的动力就越充足。

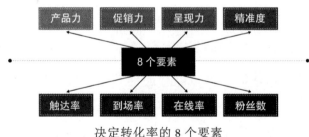

决定转化率的 8 个要素

5.2.1 产品力

产品好不好、给不给力是我们在运营时要首先考虑的因素,也是影响转化率的首要因素。

商业,首先是利他的。你的产品或服务能帮助人们解决实际问题,人们才会"用人民币去投票"。产品力指的就是产品为消费者创造价值的能力。

当然，没有完美的产品，只有合适的解决方案。一款产品价值的高低，或者说其拥有的产品力的高低，并不能从绝对意义上来作判断，还要结合消费者的需求。

比如说一台电脑，它具备很强大的功能，但是对于某些消费者来说，其中80%的功能是多余的，那这台电脑的产品力就并不高。如果这部分客户买电脑就是追求运行速度快，那一台功能一般但足够"快"的电脑，对于他们来说就是好产品，就是给力的产品。

所以，我们在做社群运营时，要对产品力有一个明确的评估，确定其能否为意向用户们解决问题、提供价值。如果产品力不足，那么意向用户就很难对它的价值产生认同。此时我们再想在社群运营中，培养用户对产品以及品牌的信任度，就很困难了。最终发售环节的转化率，自然也不会理想。

通常，**延伸性越强的产品，从社群运营的角度看，其具备的产品力越强**。看一个简单的对比：一款饮水机和一款烤箱相比，如果用社群的方式进行运营，哪个产品的产品力更强？很显然，对于饮水机，我们很难制造出更多的延伸话题，它基本上只具有对水的过滤、加热之类的功能。而烤箱呢？至少"烘焙"这个话题是很容易延伸出来的。我们如果搭建一个类似于"烘焙爱好者集合地"的社群，完全可以围绕产品设计出一些有黏性的话题。从这一点上来说，在社群运营的场景里，烤箱比饮水机的产品力更强，也更适合用社群方式来运营。

再比如汽车类产品，可以延伸出"自驾游""车友"等不同话题。

5.2.2 促销力

如果产品价值没有问题，也能满足意向用户们的需求，但是成交主张太弱，也就是促销不给力，那也会影响转化率。

发售环节实际上就是在卖成交主张，同样的产品，谁的成交主张更能满足用户当下的需求，谁的转化率就会更高。

"促销力"的核心点就在一个"促"字上，我们不能寄希望于消费者的"本能需求"，因为这种需求往往并不是迫切的。就好比我们向客户推广一款护肤品，如果我们只是从"护肤"这种体现效果的角度来做推广，那客户的购买欲望就不会特别强烈。因为客户通常有自己正在使用的产品，也就是说，我们这款产品所能满足消费者的，并不是一种"很急迫"的需求。

而促销力的"促"，就是要强化客户的购买欲、放大客户的需求。即我们的行动主张，要能给客户马上做出购买行动的充分理由。这就需要我们站在客户需求的角度，以更能触动客户的方式，去传达我们的成交主张。

实际上，**真正的成交高手都是成交主张创意高手**。在设计成交主张时，我们主要传达给意向用户两方面的信息。

（1）**价值**：

- 各种优惠、赠品。在产品本身价值的基础上，给用户一个折扣价，让他们觉得能"占便宜"。
- 各种限时、限名额。制造产品的稀缺感，让产品变相升值，让用户觉得有必要去抢。
- 各种附加服务。比如可以让用户更省事儿，或者可以让他们更省时间。

以上这些都可以让用户更容易做出决定。

（2）风险：

- 尽可能降低用户的消费风险，这是促使意向用户做出购买行动的关键。很多产品的促销信息里会有各种"零风险承诺"。比如很多课程类产品里，会有类似"听 × 节课后如果不满意，全额退回学费"的承诺，这就是典型的降低风险的行为。
- 意向用户在购买产品之前，可能会考虑到质量、退换货、支付安全、售后服务等多个方面的风险。这些顾虑都可以成为我们在成交主张里"降低消费风险"的切入点。

5.2.3 呈现力

产品很好，成交主张也非常给力，但是如果不能表达清楚，也会影响最后的转化率。这实际上也是内容运营的一部分。

简单地说，就是我们在这里展示了很多、表达了很多，客户却没有看懂、听懂，那么产品再好、成交主张的创意再新颖，都无济于事，因为这些成了无用信息。也就是说，如果我们不能把价值清楚地呈现给客户，就等于无价值。

在"呈现"这个环节，我们通常会用到很多元素，这其中包括文案的优化、海报的设计、产品宣讲稿件的撰写、产品展示的布局等。需要注意的是，我们不能将"呈现"流于形式，我们用于表达的所有图、文、景，都要合乎产品特质和营销目的，并以**清晰准确地诠释产品价值、传达成交主张为优先原则**。

呈现的目的是让客户一眼就看懂，故呈现形式越简单越好，越容易判断价值越好。

通过一个小例子，我们看看不同表达形式的呈现力的不同。

【举例】
一杯饮料的价格是15元，如果买2杯的话，只需要支付22.5元。
现在用两种不同的表达：
A：两杯七五折
B：第二杯半价
哪一种的呈现力更强？虽然两者表达的意思是完全一样的，但是显然第二种表达的呈现力更强，能让人更容易形成一个"便宜"的印象。

5.2.4 精准度

一家企业永远只能解决一小部分人的一小部分问题，产品也是如此。

我们能做到的，是**把产品卖给对的人**，而不是把产品卖给所有人。如果做发售时把目标客户群体选错了，或者说精准度不是很高，那肯定会影响最终发售的转化率。这就需要在社群运营的造势阶段，就通过设置一定的条件，筛选出精准的目标客户群体，从而为提高转化率打下基础。

用和产品相关的话题进行初步筛选，是保证精准度的有效方式。比如我们准备发售的是一款手游App，那么在前期的筛选中，就完全可以设置一个小门槛：想要进入社群参加活动的，需要回复你常玩的两款手游的名称。这至少能保证那些对手游完全不感兴趣的人不会被同时拉进来，因为这部分人显然不会成为我们的用户。

5.2.5 触达率

很多时候，虽然做到了产品很好，成交主张很给力，目标客户也很精准，但是转化率仍然低，造成这个结果的原因之一可能是触达率低。

现在人们获取资讯的途径太多了，微信里有多个微信群、手机上安装着多个 App……每天，人们都被海量的资讯包围着。

有时我们的那些让人无法拒绝的成交主张鲜有人问津，但是过一段时间竟会有人跟我们说："我不知道这个事情呀！"这就是触达率的问题。如果我们能够做到让成交主张百分之百触达客户，那转化率也会得到很大的提高。

在一个 500 人的群里，以群公告的方式发送成交主张，这是常见的操作方式。看起来所有人都收到信息了，但实际上，真正看到信息的人要远远少于 500 人。因为在当下，很多人的微信里，常常有几百甚至上千条的未读信息。人们的注意力，很难被一条群公告充分抓取。

此时，我们就需要将多种渠道复合起来，进行全方位的活动告知，比如群公告、群内分组通知、私信通知、公众号推文、朋友圈、朋友圈回复、微博、邮件、电话……

5.2.6 到场率

或许一家企业有很多的客户，或许一个网红有很多的粉丝，或许一个大 V 拥有很多的微信好友，但是如果他们搭建一个社群来做产品发售，到场的客户、粉丝、好友可能往往会寥寥无几。这种情况下，转化率肯定不容乐观。

- 如果是做线下的产品发售，线下到场率决定着转化率；
- 如果是在微信群里面做产品发售，微信群的入群率决定着转化率；
- 如果是在直播间里面做产品发售，收看直播的人数决定着转化率。

5.2.7　在线率

有人曾这样问我："我们邀约了很多人，或进入我们的微信群，或进入我们的直播间，或参与我们的线下活动。我们的产品非常好，成交主张也非常具有诱惑力，但是真正到了产品发售的时候，转化率仍然不理想，这又是因为什么？"

这时，我们就要考虑在线率的问题。社群运营是一个持续培育的过程，这就需要意向用户们较为完整地接受这个"培育过程"。很多时候，虽然"表面流量"看起来很高，但是在运营以及发售过程中，真正在线的又有多少呢？如果在线的只是少数，那就意味着我们的信息表述、产品呈现，都只触达了一小部分人而已，那就势必影响到最终的转化率。

要保持更高的在线率，社群活动的安排节奏尤为重要。在活动中间穿插红包抽奖，是一种提高在线率的方法。

一场社群活动的正式进程，通常会持续几个小时甚至几天的时间。在活动开始之前，把预设的一些关键性活动节点提前告知大家，比如哪个时间段有哪个嘉宾将会出场，哪个时间段有什么福利可以领取……让后续活动保持一定的悬念和吸引力。这些都是提高活动在线率的方法。

5.2.8 粉丝数

经常会有人和我这样说:"老壹老师,我们的销售团队、客服团队、运营团队和代理团队都非常努力,他们每天都要发十几二十条朋友圈,但就是没有成交,不知道是什么原因。请老师给指点一下。"

这时我通常会问他们一些问题:你们这些小伙伴的微信好友有多少?你们抖音上有多少粉丝?头条有多少粉丝?

我得到的答案通常是:不多,平均每个人有200到300个。

两三百的用户基数,就像一条街上只住着两三百人一样。在这样的情况下,你花了大力气来做运营,就算转化率很高,成交量又能有多少?

所以说,粉丝基数是决定最终发售环节转化率的重要因素之一。

第三篇

序列式社群运营的 3 个阶段

第三章

外国人の高等教育

第6章 造势阶段

完整的序列式社群运营系统包含造势、蓄势、引爆3个阶段。这3个阶段，可以从抓取注意力开始，逐步完成提高社群活跃度、建立归属感、形成流量沉淀，进而建立忠诚度、提高转化率、培育高复购率等一系列运营目标。

俗语说"台上一分钟，台下十年功"，我们做社群运营，不能仅盯着引爆阶段的结果，也不能看到转化效果不理想就着急。很多时候我们更应该冷静地思考一下，自己的"台下功"是不是做足了？前面两个阶段的运营有没有做到位？

可以说，每一次成功的运营策划，都是从造势开始的。在序列式社群运营体系中，造势可不是简单地群发几条消息或者私信一下有意向的好友就完事了。这个环节本身就是一套完整周密的小体系，它可以帮助我们在开始阶段就吸引到意向群体的注意力。

序列式社群运营的3个阶段

接下来，就为大家揭秘造势环节的具体流程。

6.1 造势的目的

在序列式社群运营的整个体系当中，造势是第一个环节，也是至关重要的一个环节。那么，我们为什么要造势？要达到哪些目的？

6.1.1 信息充分触达，调动潜在用户注意力

既然我们要组织一波活动，那么首先要做的就是尽可能让所有潜在客户接收到我们的活动信息。知道活动信息的人越多，预期参与的人就会越多，造成的影响力就会越大。

但是由于现在的信息过于泛滥，导致信息的触达率大幅度下降，所以为了保证信息的充分触达，我们往往需要综合各种可行的方式，做全方位的信息通知。通知方式包括但不限于朋友圈通知、粉丝群公告、私信群发、重要客户1对1通知、电话通知、短信通知……

除了可以采取以上这些直接通知的方式，还可以选择一些迂回的

方式，即营造一种"很不巧"地让对方知道我们的活动信息的情形。

举个例子，精壹门社群线上启动仪式开始前，我录制了一个小视频，告知所有微友：我筹备的新社群马上就要对外开放了，为了精益求精，故邀请他们来提一些建议。感兴趣的伙伴可以回复关键词进入活动群。

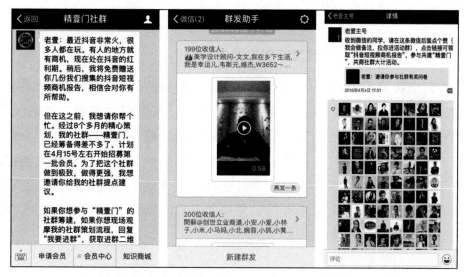

精壹门新社群启动时进行的线上造势

这个过程就是造势的过程，所有回复的客户其实都是对社群有一定兴趣的人。这些人都是新社群未来的潜在会员。当然，这只是造势的第一步，后面还有话题讨论等环节。

通过造势，参与的伙伴已经知道了我的新社群"精壹门"即将成立了。同时在讨论的过程中，我还对社群的价值做了充分展示。但是在这个环节，我并没有要求他们马上加入，这一点也是我们在造势过程里要严格把控的一个核心点——**告知活动信息，但不进行发售！**

造势要做的事情就是告知活动，利用活动信息调动潜在客户的注意力。这样他们进入社群时会带有一定的心理预期，这有利于我们进行后续的运营。至于最终的发售，在我们完成整个运营过程后，经过蓄势、引爆阶段，使意向用户们经过一段时间的完整培育，他们自然会完成最终的购买。千万不能图一时利益，在对方稍稍表现出一点意愿时就打破活动规则，提前进行发售动作。一旦做出这些事情，那么整个活动就很有可能功亏一篑。

6.1.2 制造期待，引起潜在客户的关注

在造势阶段，我们告知潜在用户相关信息的同时，也是在把产品和服务的价值一点点地展示给潜在用户，引起他们的期待。这时候，他们能了解到的只是相关的价值，而且这些价值往往都是和他们有直接关系的；或是会对他们当下在做的事情有帮助，或是能够解决他们当下的一些痛点、难点。很显然，这就能够让他们对社群后续的活动抱有一种期待，因为这里有他们需要的东西。所以，你也可以把这个环节理解为一个"欲擒故纵"的环节。

为了实现上面所说的效果，我们需要提前把这次活动的卖点精准地提炼出来，并通过文字、图片、海报等多种形式呈现出来。而且文字以及海报所呈现出来的内容需要有吸引力，能够紧紧抓住潜在客户的眼球。这时，价值体现和痛点刺激是两个关键点。

1. 价值体现

把自己的"产品"描述得天花乱坠就等于价值高吗？当然不是，这往往是在"自嗨"，比较典型的自嗨行为包括罗列各种高科技或者专利、罗列产品成分，以及把产品塑造得无所不能、用各种深奥难懂的专业术语来提高身价……

没有人会因为这些买单。对于意向用户来说,"有用"是最基本的价值,"比同类产品更有用"是最实际的价值。

拿一支口红来说,"三项专利配方""使用了某某珍贵原材料""由某某大师做外包装设计"……这些所谓的"价值"根本无法打动用户,这些价值远远不如"能让唇干燥的人如何""能让唇色黯淡的人如何"来得实际。

能让意向用户直接感受到产品"有用"的价值,才是真正的价值。

2. 痛点刺激

痛点刺激,是让意向用户产生直接需求的"捷径"。这里首先要区分一个基本概念:**问题不等于痛点!**很多人习惯于把意向用户的各种问题视为痛点,但实际上,有问题并不等于有需求。比如一个女孩子的鼻子长得有些歪,并不等于她就有整形的需求;比如一个人很胖,也不等于他就有减肥的需求……

我们要寻找、利用的是能够让用户产生购买需求的痛点,而不是"无关痛痒"的问题。在寻找痛点的问题上,方法有很多,但是类似于大数据分析、用户调研之类的方法,对于大多数社群运营者来说实现难度很高。比较起来,利用场景去强化痛点的方法则更容易实现。

就拿随处可见的共享单车来举例,我们可以说它方便、省事、随用随取……但是这些都不能让意向用户们产生"痛"的感觉。那如果我们换一个说法,把意向用户们放进一个场景里:下班回家,车站离家还有1公里,打车没必要,走着又太累……在这种场景下描绘痛点,用户对"便捷交通工具"的需求是不是会更强?

6.1.3 筛选潜在精准客户，创建精准客户群

在造势的过程中，我们最初面对的意向用户群体是比较广泛的，那这些人都是我们需要的吗？或者说，我们要对他们进行"公平"对待吗？答案是否定的！在这些群体里，一定有一部分人具备更强的意向，我们要把这部分意向用户找出来，因为对精准意向用户的深度运营，能够给我们带来更好的成果。

也就是说，我们需要设计一些玩法和流程，把那些精准的潜在客户筛选出来。一般来说，为了让更多人参加活动，互动的动作会遵循**简单、方便、易于筛选**的原则来设计，比如在朋友圈点赞或者私信回复一个暗号等。

除非活动针对的对象是特别精准的特定人群，否则不建议用特别复杂的方式进行筛选。比如有一次活动，面向的是企业负责人，目的是为他们提供 2 万元以上的咨询服务，在这种情况下，我们才选择了让对方填写详细问卷调查的方式，以此筛选出真正的企业负责人。

虽然通过这种方式筛选出来的人群会更加精准，能让我们了解更多的个人信息，但如果面向所有微友的互动门槛都太高、太复杂，最终导致的结果很可能是潜在客户因为麻烦而选择忽略我们的活动信息。所以大多数情况下，我们还是以点赞、回复暗号、转一笔小额的诚意红包等方式作为筛选门槛。

6.1.4 制造参与机会，提高社群活跃度

对注意力的抓取以及对期待感的制造，都是为了让意向用户们对我们的社群保持关注，但这只是一个开始。如果不能把这种关注保持下去，那社群的氛围就很有可能在初期的"热闹"之后，很快"冷清"下来，这也是很多社群在运营中经常出现的问题。

针对这种情况，我们在造势阶段就要设计出社群成员能够参与的社群活动的入口，让他们能在社群里发挥出更高的能动性。这可以很有效地提高社群的活跃度。

比如说，我们的某一次社群运营的最终环节里会发布一款产品，那么在造势阶段，我们会把部分产品信息逐步展示给意向用户们。在做这些动作的同时，我们完全可以把这个过程扩展成一个初步的信息收集过程。通过大家对这些信息的反馈，我们就能在一定程度上判断出大家对产品的认可度、期望度等相关指标。基于此，我们可以对最终的"产品价值"做进一步的完善。

那怎么实现这种信息收集，并且让大家产生足够的参与感呢？打个比方，对于很多人来说，赞美别人往往需要思考；而吐槽别人，好像都可信手拈来。而且，吐槽本身就是一个拉近关系的很好的方式，因为大家在一起吐槽时，特别容易找到共同语言。那我们就可以巧妙地组建一个吐槽大会，邀请大家针对自家产品进行挑刺，或者把市场上的同类产品放在一起比较。

在吐槽的过程中，我们最先获得的是一种彼此之间的熟悉感、认同感，这可以有效拉近彼此之间的距离。在这个情况下，如果我们能针对大家的吐槽做出合理、合情、合规的解释，或者后续有针对性的改进，那这批吐槽的人就很容易转化为我们的种子用户。

而且，就像我们在前面章节中拆解过的小米的运营案例一样，用户自始至终都是置身其中的，而不是一个单纯的旁观者、消费者。这样的参与过程，能够让用户和产品以及社群的关系更为密切。当社群的运营变成一件和用户有直接关系的事情时，社群的活跃度是不是会得到很大的提高呢？

当然，要组织此类活动，前提是你确信自己有足够的控场能力，对自己的产品有足够的信心，能够掌控全场。如果对方提出苛刻的问题，而你无法给出合理的解决方案，反而会适得其反。

以上是造势的 4 个核心目的。接下来我们再来看一下，造势具体是如何操作的。

6.2 造势第一步：创建转化群

序列式社群运营的第一步是造势，而造势的第一步是创建一个转化群，再把精准用户导入这个群。如果是直播场景，就是创建直播间，让精准客户收藏。

在学习创建转化群的流程之前，我们不妨先来了解一下营销型社群的几种主要类型，这可以让大家形成一个明确的概念：不同类型的社群，承担着不同的任务，也需要采用不同的运营方式。

6.2.1 营销型社群的三大矩阵

营销型社群主要有 3 种类型，掌握好这 3 种社群的运营方式，可以帮大家应对各种常见问题。

营销型社群矩阵

1. 私域流量群

私域流量群是一个前端群,主要用于沉淀潜在客户以及不断积累客户。

这个群的入群门槛相对来说比较低,只有一个象征性的门槛,用于把潜在客户筛选出来,一般来说以免费或者低收费标准为主。

在运营上,这个群不需要提供特别丰富的服务,但是需要在日常不时输出一些与产品所在行业相关的内容,不断地对用户进行培养。这个群可以作为一个长期群来运营以及维护。

举个例子来说,假设我们的产品是一款护肤产品,针对的对象都是爱美的年轻女性,那么我们就可以创建以肌肤护理交流、彩妆交流、女性减肥交流为主题的社群作为前端流量群。

这里需要注意的是,我们的前端流量群并不一定非得以我们的产品为核心,还可以以我们的潜在客户群体为核心。就像例子里面所显示的那样,以"女性减肥交流"为主题的社群,看似交流的话题是减肥,但实际话题会延伸到护肤、彩妆等,因为关注减肥的女性肯定都是爱美的,否则她们也不会致力于体重管理。所以说,对减肥感兴趣的女性,毋庸置疑也是护肤产品的精准潜在客户。

因此,在设计前端流量群的时候,我们首先要明确的是我们的潜在客户对哪些话题最感兴趣,最容易被哪些话题聚集起来,然后再基于这些话题创建不同的引流群矩阵。

2. 转化变现群

转化变现群一般以活动群为主,它是一个临时群,意味着活动结束后这个群就会解散。

很多人会选择直接在前端的流量群里做转化，但是我们并不提倡这种做法。因为在社群运营的过程中，对意向用户们的持续影响、持续培育是更重要的。要实现这一点，就需要我们保持社群内容的一致性。

和前端流量群里的日常输出内容相比，在转化环节，也就是活动举办的环节，会在短时间内有海量的信息涌入社群。这就必然会出现一些社群成员对此类信息不感兴趣的情况。如果把社群成员不感兴趣的产品信息"强加"给他们，就有悖于我们做社群运营时"以人为本"的基础原则了。

当然，更多的情况是：社群中部分成员还没有被"培育"到可以做转化的程度，就匆匆忙忙地被拉去做成交了。此时，由于流量群信息变"混杂"了，这部分人群的注意力反而会被分散，导致转化效果大打折扣。甚至，他们会因此产生反感，而不再关注这个社群或者退群！

所以，我们提倡的做法是：流量群只用于发布活动信息，活动群只用于把对活动感兴趣的人聚集到一起，进行活动通知以及服务转化，两个群的功能不出现交集。每一次组织活动，我们都从流量群里面筛选出感兴趣的人来进行后续的运营转化；每次活动结束之后，活动群即刻解散，我们重新回到流量群里面进行运营以及维护。

3. 服务裂变群

服务裂变群主要面向购买了我们的产品以及服务的客户，这个群的核心是为客户提供服务。我们在这个群里面进行产品的使用教学以及售后服务。通过服务提升客户的使用体验，提升他们对品牌的认知以及信赖感、忠诚度，进而产生复购以及转介绍。一般来说，服务群也是一个需要长期运营的群。

6.2.2 创建转化群的流程和步骤

对于一个转化群来说，肯定是以活动为主。我们该如何创建一个有吸引力的转化群呢？请看如下流程以及步骤。

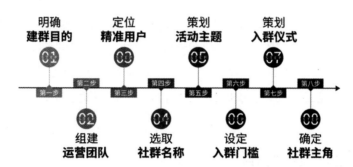

创建转化群的 8 个步骤

第一步：明确建群目的

建立转化群的目的很明确，就是创建一个运营活动的"主战场"。我们要通过对转化群的运营，获得更高的转化率。此时就需要提前确定此次转化活动的性质：是测试性质的转化？还是大规模的正式发售？如果只是一个测试，面对一小部分"内测"的用户进行试转化，那我们做小范围的发布就可以了；与之相反，如果是大规模的正式发售，我们就需要尽可能多地调动所有能调动的资源，尽可能多地筛选出精准潜在客户。

第二步：组建运营团队

一次成功的社群运营，离不开运营团队的完美配合，团队成员需要提前了解各自的职责，知道各个岗位需要负责的任务。只有各个岗位之间像齿轮一样严丝合缝地配合起来，才能真正把一次活动运营成功。

一般来说，要在社群里运营一次线上活动，需要有策划人、总指挥、设计、文案、咨询客服、群管理员、分享嘉宾、对接客服等多个岗位。

在组建运营团队时，对岗位任务的分配一定要具体，比如在"疯学机"的运营过程中，我们把任务细化到入群欢迎词、群规制定、邀约海报策划等很多具体事宜。大家都明确知道自己下一步要完成什么目标，这样不但能够提高效率，而且更容易控制好活动的整体进度。

第三步：定位精准用户

对于我们准备组织的活动，哪些人具备更强的意向？会有更高的参与可能和有更直接的需求？要想搞明白这些问题，我们首先要明确哪些人群是精准的潜在消费人群，只有这样，我们才能基于他们的喜好和偏向，以及他们可能存在的渠道，进行针对性宣传。

当然，要定位精准用户有一个前提条件，那就是我们必须先把将要发售的产品摸透，熟悉它的所有细节，这样才能根据产品的特性，匹配出真正精准的意向客户。

在"疯学机"的运营过程中，我们用两个动作完成了对精准用户的定位。

首先，我们把和"疯学机"类似的产品拿出来做横向比较，找到竞争对手的劣势。

某某转播机器人：

（1）成本高。每天都要续费，即每天需要买一次，每个群的成本为20元左右。

（2）引流受影响。讲课的是机器人，是微信小助手，不是个人微信号，所以讲课之后粉丝都加到小助手上去了，吸粉引流效果受影响。

……

然后，我们又对产品进行了重新定位。这也是非常关键的一个环节。我们要想找到那些精准用户，那就必须先对自己的产品有一个精准定位，既要凸显产品的价值，又要尽量避免同质化，毕竟大家都不会对市面上随处可见的产品有太大的兴趣。

产品定位示例

第四步：选取群名称

群名称在一定程度上直接影响着入群率。好的群名称，能够第一时间抓住意向客户的眼球，并向他们传达这个群的主题。

所以，我们一定要在群名称里尽量多地体现价值，目的是让那些意向客户一看名字就知道这将会是一场含金量很高的活动，并且对他会有很大的帮助。此时，他们参与进来的积极性就能得到很大提升。

第五步：策划活动主题

活动主题是至关重要的，我们在策划主题时，需要多从运营的角度来考虑，选取更有利于进行用户培育的主题，而不是直接把产品概念丢给意向群体。所以说，策划活动主题时，我们不能将最终目的表达得那么直接、彻底，就好比我们不可能对潜在客户说："本次活动就是为了向你推荐某一款产品。"否则，社群就会完全变成一个"推销"群，促销意味太浓，会让很多客户看到消息时认为这是一条广告，从而拒绝进群了解活动详情。因此，为了让更多人参与到活动中，也为了让我们后续可以进行更有针对性的运营，有时候我们要对活动主题进行一些包装，更多地去传递价值，而不是生硬地推销产品。

举个例子来说，我们的活动目的是推荐一款口红，如果我们的活动主题就直接叫作"口红线上促销推荐会"，那么这个活动就完全没有吸引力可言，人们只会觉得这是一场纯粹的推销，从而产生非常强的抗拒心理。

但如果我们的活动主题是"某某美妆达人带您学会如何正确地搭配口红"，那么我想会有更多的人愿意去参与以及了解。因为他们首先看到的是我们提供给他们的价值，而不是我们"要求"他们购买什么产品。同时，这样的主题也有利于我们进行系统的、持续的运营和培育。

俗话说:"爱美之心,人皆有之","美妆"这个点是大多数女性朋友都会关注的,我们借助这方面的"达人"所带来的影响力,很容易引起这些人的注意。而从"美妆"延伸到服饰搭配、化妆品选择、口红搭配……都会非常自然。在这种持续的价值输出中,意向群体会较为自然地认同我们这个社群在这方面的"权威性",这也是一个信任感产生、强化的过程。

很显然,以这种更委婉的方式在活动中植入我们的产品,将产品软性地推荐出来,愿意参与的人就会增加很多。再加上运营过程中的持续培育,最终的转化效果也一定会有所提升。

大家可以看一下我们在"疯学机"的运营中策划的线上活动主题,并没有提到我们要卖什么产品、要推销什么产品,而是围绕使用价值来塑造活动主题。再结合副标题中提到的"七大高手""在线揭秘"等关键词,引起那些对社群运营感兴趣的人的注意,让他们很容易从中得到一个信息:这里有我需要的东西!

第六步:设定入群门槛

在微信群(活动群)里举办线上活动时,参加活动的人越精准,最终被筛选进群的人员数量就会越少。但是正因为精准,互动的氛围才更容易调动。所以说,我们在社群运营中,并不是人越多越好,单纯追求数量并没有太大的意义。为了提升活动的效果,我们要筛选出高质量的潜在消费者,因此需要设定一个门槛。

比如说,我们可以让对方拍一下梳妆台的照片、列出 3 款常用的护肤品品牌等。这种门槛的设定很简单,但是我们可以通过对方梳妆台的照片以及常用的护肤品品牌，判断出对方的购买力以及消费偏好。这些都可以作为我们的判断标准，以便后续更好地进行针对性的培育以及引导。

另外，我们也可以把门槛设定为转发信息、朋友邀约或者发一个小额的红包……不管他们是有主动分享的意愿还是有付费的习惯，相比起很多社群里常见的"潜水党"来说，他们的质量都更高，也更容易接受我们后续的培育。

除了设定入群门槛之外，我们还需要制定专门的群规，用它对社群成员的行为做出必要的约束。毕竟，这个社群是我们用来做持续培育的场所。在给群内成员提供价值的同时，我们肯定也希望给所有成员提供一个良好的氛围。

如果没有群规的限制，那群里可能会有人随意发大图片或者刷屏，这可能影响其他成员对重要信息的接收；还可能会有很多人在群里随意丢链接、发广告，这难免会让其他大部分群成员产生厌恶感……这样的负面影响是一定要避免的。提前设计好有针对性的群规，可以有效地避免这类情况发生，从而让社群保持一个健康良好的"生态环境"。

其实，群规的制定、公布，本身也是一件很有仪式感的事情，还能够体现我们运营团队的专业度。这对于提升社群的整体形象，有很不错的效果。

第七步：策划入群仪式

我们在筛选出潜在的客户后，接下来就要把他们邀请到活动群了。在他们进群的第一时间，我们需要欢迎并与之互动，让他们感觉到这个群是活跃的。我们可以先发欢迎词表示欢迎，并告知我们接下来的活动安排，这样他们才会保持期待。

如果在他们进群之后，整个场面都是冷冰冰的，没有人理会，他们感受不到任何热情，也完全不知道接下来要做什么，整个活动的氛围就会被破坏，后续的运营和培育也无从谈起。

在欢迎词里，除了应包含后续活动的相关安排外，还有几个关键的信息点要着重体现一下：

（1）被欢迎者的名字（很多人一起进群时，可以采用@所有人的方式；单个人进群时，可以@具体个人）。

（2）这个群的具体定位（尽量和群名要表达的保持一致）。

（3）给入群者一个称谓（比如"美妆群"里的人可以称呼为"美妆达人"，有称谓、有身份，才有归属感）。

第八步：确定社群主角㊀

一个转化群里，为什么一定要有一个主角？

设想一下：当我们进入一个线下活动会场时，如果没有人来接待、引导，那我们根本就不知道哪些座位可以坐、哪些座位不可以坐。至于这个会什么时候开始、会议议程是什么，我们同样是一头雾水……是不是感觉特别别扭？

更要命的是，我们甚至不知道自己遇到问题时该去问谁！台上好像有很多人在讲话，但是不知道这个会场由谁做主。这种情况下，我们还能在这个会场里待下去吗？就算能勉强待下去，我们对这次活动还会有任何期待吗？

㊀ 这里所说的"主角"是指某一个社群官方负责人或全权代理人。

一个没有主角的会场，是没有主心骨的，也完全不会对在场的人有任何号召力。在社群里也是如此。

我在辅导一些社群运营项目的过程中，发现主角缺失的情况经常出现：一些潜在客户被拉进微信群之后，不知道该怎么聊、跟谁聊。虽然群里面有很多人在讲话，其中也有主办方的员工讲一些比较官方的话，但是新进群的客户没法确认他的身份、他的角色，所以即便是这些工作人员的发言，也没有什么权威性。

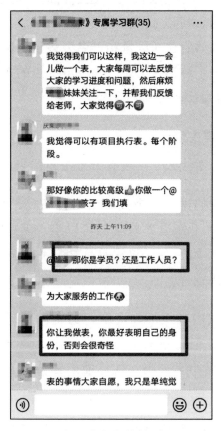

未明确主角的情形

在大家不知道该听谁说话的情况下，如果我们直接做产品发售，那转化率是极低的，甚至很有可能没有转化。

所以，我们需要在群里确定中心人物，即这个群的主人。所有其他的工作人员都来塑造他和推崇他，关于这个群的各种权威信息都通过这个主角进行发布，尤其是促销活动内容的发布。

如果把一个群比作一个公司的话，那么这个群需要以老板为中心，客服、产品专家、技术专家等作为"绿叶"。而且，每一个人在群里都要反复强调自己的身份，这可以通过修改群昵称的方式来体现，也可以在每一次讲话过程中进行强调。比如"大家好，我是本群的群主，在公司负责品牌策划，下面我跟大家说几句""大家好，我是本群打杂的，大家有什么问题可以问××"……

做好角色划分之后，群成员才会感觉到这个群是有组织的，也很清楚在这个群里遇到事情该找谁、谁在哪方面有决策权。这样就可以有效树立社群的权威感，加强群成员的信任感，从而为我们后面的运营和培育奠定基础。

6.3 造势第二步：准备造势素材

搭建好转化群之后，我们自然就是要把这个信息公布出去，做到广而告之。但是在进行推广之前，我们首先要准备好充足的素材，包括文案、图片、视频等，这些都是我们打赢这场造势"战役"的弹药。

6.3.1 概述

在造势阶段，我们首先要做的是"使活动信息充分触达，调动意向群体的注意力"。也就是说，我们造势的核心就是把活动信息推送给大家，那相应的素材准备，就要围绕着"活动信息"这个核心展开：

- 这是一场什么类型的活动？
- 这场活动能给大家带来什么价值？
- 活动的组织者有哪些？
- 这些组织者的成就、背景是什么？
- 活动具体什么时间举办？
- 如何获得参加活动的资格？
- ……

这些信息，我们应通过多种渠道进行发布，比如要在微信进行发布，那我们就要准备多个版本的文案。其中要有群发版本的文案和私发版本的文案（专门用来进行一对一沟通的）。如果是通过朋友圈进行发布，那也要有相应的朋友圈文案，以及和文案匹配的图片或者海报。

微信群、公众号、论坛、微博等渠道，同样需要提前准备好相应的文案、图片、海报或者视频。

6.3.2 "疯学机"案例精解

下面我们来看一下，在"疯学机"线上运营中，我们都准备了哪些造势素材。本节只对素材进行展示，大家可根据上述内容自行理解各种素材之间的不同，限于篇幅，这里不再进行分析。

请特别留意：

（1）**文案之中的措辞**。案例中的造势文案，并非是强制性地向微友推销活动或手机。而是通过塑造价值，激发潜在客户的兴趣，引起对方的主动关注。建议你站在第三方的角度，感受一下我们是如何推荐这个活动的。

（2）**文案之间的衔接与配合**。各个渠道的造势文案并非千篇一律的。不同渠道的造势文案之间存在细微的差异化，而且彼此之间存在相互的承接与配合。这些细节是尤为重要的。

（3）**门槛的设置**。在所有渠道的造势通知文案里，或多或少都设置了门槛。能"跨过"门槛，是参与活动的必要条件。

1. 群发文案（故事形式）案例

亲爱的小伙伴你好，我是来自台湾的企业经营者老汤。

在过去20多年的时间里，我一直在做手机配件。近五年来，随着产业的转型升级，我们也跟随大家一起转社交电商、转社群营销。通过社群，我们实现了最低成本的大批量的客户覆盖。

但是我发现一个现象，现在如果想要快速占领市场，快速覆盖大量的微信群，那我们通过手工单靠人力是无法实现的。于是，我们就借用各种各样的软件，来快速实现各个群的精准覆盖。

网络上有各种各样的社群营销软件，我们也买了各种各样的软件，虽然我们花了很多钱，但各种问题仍层出不穷，要么是被封号，要么就是我们在转播过程当中有乱序、有延迟，还有就是我们的社群内容几乎无法沉淀，即便是有沉淀下来的，也是花了大量时间的。

当然，我们团队在使用这些软件的过程当中，遇到的问题还不仅是这些。为了让我的团队和我朋友圈里的好朋友能够避开这些"坑"，我邀请了7位高手在线跟大家一起来聊聊那些社群营销软件的"坑"。我希望通过这次活动，让大家能够提早规避掉一些社群营销软件使用过程当中的"坑"，同时我也将向大家发布一款我自己研发的讲课神器。

如果说，你想要通过多个群同时讲课吸粉，或者在多个群进行产品批发式成交，你可以回复"1"，我安排工作人员拉你进群。

2. IP 老汤文案案例（版本一）

（1）朋友圈

正在从事或即将从事培训的老师、社群运营者、微商或直销团队长请注意：

4月27日晚7点，我邀请了七大高手在群里揭秘社群运营软件中那些不为人知的"深坑"，还会揭晓一款最新的社群讲课神器！若你正在使用多群同时授课吸粉、多群同步发售产品，需要参与交流，请扫码加我的学生东伟的微信，给他打赏5.20元的红包报名。

（2）群发

你好，我是来自台湾的企业经营者老汤，4月27日晚7点，我邀请了七大高手在我的群里揭秘社群运营软件中一些不为人知的"深坑"，还会揭晓一款最新的社群讲课神器！若你是正在从事或即将从事培训的老师、社群运营者、微商或直销团队长，正在使用多群同时授课吸粉、多群同步发售产品，需要参与交流，请回复"1"。

（3）群公告

各位小伙伴大家好，我是来自台湾的企业经营者老汤，4月27日晚7点，我邀请了七大高手在我的群里揭秘社群运营软件中一些不为人知的"深坑"，还会揭晓一款最新的社群讲课神器！若你是正在从事或即将从事培训的老师、社群运营者、微商或直销团队长，正在使用多群同时授课吸粉、多群同步发售产品，需要参与交流，请通过微信私信我的学生东伟进行咨询。

3. 全体团队文案案例（版本二）

（1）朋友圈

朋友圈和各个社群内部都在疯传，来自台湾的企业经营家老汤老师邀请了七大高手，4月27日晚7点在群里揭秘社群运营软件中的"深坑"，还会揭晓一款最新的社群讲课神器！若你需要进群围观，"五•一"小长假之际打赏5.20元红包，我拉你进群，群满即止！（仅限讲师、微商、直销团队长、社群运营者）。

（2）群发微友

亲爱的小伙伴，我是××。

若你正在使用多群同时授课吸粉、多群同步发售产品的软件，你或许已经关注到"老汤老师邀请了七大高手共同参与揭晓一款最新的社群讲课神器"这个消息，若需要参与，请打赏红包5.20元，我拉你进群，群满即止！（仅限讲师、微商、直销团队长、社群运营者）。

（3）群发公告

群里所有的讲师、微商或直销团队长还有社群运营者请注意，我是××。我这里有一个重要的活动消息告诉大家，如果大家正在使用多群同时授课吸粉、多群同步发售产品的软件，大家应该已经关注到"老汤老师邀请了七大高手共同参与揭晓一款最新的社群讲课神器"的消息。若需要参加，请打赏红包5.20元，我拉你进群，请注意，群满即止！（特别强调，仅限讲师、微商、直销团队长、社群运营者，冒冒失失、疑神疑鬼的人不要）。

4. 精壹门渠道群公告文案案例一

"万人迷"的小伙伴们，大家好，我是老壹，我这里有一个重要的活动消息告诉大家。

"万人迷"W5180号学员，来自台湾的企业经营家老汤老师在"五·一"小长假来临之际为全体社群运营者送上一份大礼，揭晓一款社群讲课神器。

他还邀请了七大高手在群里揭秘社群运营软件中一些不为人知的"深坑"！

若你正在使用或者正打算通过多群同时授课吸粉、多群同步发售产品，请加老汤老师微信并发送红包1元进群围观（名额有限，群满即止）。

5. 精壹门渠道群公告文案案例二

《引爆微信群》读者群群公告：

亲爱的读者大家好，我是精壹门二当家陈栋。

精壹门私董会私董、精壹门台湾分社群发起人、精壹门深圳分会会长、来自台湾的企业家、瘾疯潮创始人老汤老师在"五·一"小长假来临之际为全体社群运营者送上一份大礼，揭晓一款社群讲课神器，他还邀请了七大高手在群里揭秘社群运营软件中不为人知的"深坑"！

若你正在使用或者正打算通过多群同时授课吸粉、多群同步发售产品，请加老汤老师微信发送红包1元进群围观（名额有限，群满即止）。

6. 精壹门渠道群公告文案案例三

精壹门·连接·活动推荐

群里所有的讲师、微商或者直销团队长还有社群运营者请注意！我这里有一个重要的活动信息告诉大家。

如果大家正在使用多群同时授课吸粉、多群同步发售产品的工具，可能已经关注到这则消息：精壹门私董会私董、瘾疯潮创始人老汤老师邀请了七大高手共同参与，4月27日晚上在线上私密群里揭秘社群运营软件中那些不为人知的"深坑"，同时还会揭晓一款最新的社群讲课神器。

若你想要围观，私信老汤老师的学生李东伟，打赏1元红包报名。请注意，群满即止！（特别强调，仅限讲师、微商、直销团队长、社群运营者，冒冒失失、疑神疑鬼的人不要。）

7. 序列式运营造势文案案例（第一套）

第1段

群课件收录、转发、收藏难，试试这款软件，立刻生效！

你有没有发现，进入社群营销时代，要学习、收藏、转发的各类学习、培训课程越来越多，却苦于没有一款好的"转录神器"？

普通的课程转播助手软件，不是容易导致微信被封号，就是价格高。传统的营销手机，虽然可以实现多群转播的功能，但是容易出现丢失讲课内容的糟糕局面，并且它无法实现收录和编辑课程的功能。

但是培训和讲课中，又离不开此类转录软件帮我们解放双手、提升效率，怎么办？怎么办？怎么办？

其实你只要有一款"多功能转录神器"，以上问题可以一网打尽。

想知道这是一款怎样的神器吗？回复"1"告诉你答案。

第2段

这款神器就叫"疯学机"

你知道为什么你的转录软件不好用吗？

因为市面上的转录软件，要么只能是在非官方的微信相关App中使用，要么转录后的课程内容只能放在该软件平台上，根本无法实现编辑功能；需要反复购买使用权限，总体费用昂贵；只有课件转播功能等。而这导致的结果就是：微信被封号；需要反复掏钱去续费；讲过的内容只能储存在平台上面……

最近我有幸结识了一位来自台湾的、瘾疯潮平台的创始人——老汤老师，他曾经混迹于40多个直销和微商团队，深谙当今移动互联网创业团队培训学习之痛苦，遂投入巨资组织研发团队，历时两年，终于研发出这款神奇的群课件转录神器。投入市场测试一年多，广受业界好评与依赖。

他把这款独特的神器称为"疯学机"，拥有它，你将疯狂地爱上学习，彻底解决在群课件收录、转发、编辑方面的各种困扰。

这款神器独特而神奇，跟你见到过的普通转录转播软件完全不一样，好用到没朋友，我没有办法一下子跟你说清楚。我过去花了199元才能进他的群学习，现在你只需要发5.2元红包就可以进群学习，进群后你将获得价值199元的《111》电子书1本，如果觉得听完不值，我退你6元，你还可以保留赠送品。

特别提醒：这次我群发了我微信里的3500个好友，但老汤老师只给了我5个邀请名额，迟了可能就被哄抢一空了，我将无能为力，请抓紧行动！

对，就是现在，立刻！马上！

8. 序列式运营造势文案案例（第二套）

第1段

让微信群学习和培训效率立刻提升数倍的方法！

在这个全民微商创业的时代，微信群蕴含与培训相关的强大功能，越来越受到用户的一致肯定。然而课件多、群转播难、收录编辑难等诸多问题，已经成为众多微商从业者不可逾越的沟壑。普通的课件转播软件显然已无法满足广大微商日益增长的功能需求。

最近我在一个微信群里，发现了一款非常神奇的"多功能转录神器"，它跟别的转播软件完全不同。拥有它，你的学习和培训效率将提升数倍。

你想拥有这款让人看完就想要的"多功能转录神器"吗？

回复"3"，给你看具体介绍！

第 2 段

有了瘾疯潮的"疯学机",妈妈再也不用担心我的学习!

经常参加各类微信群学习和组织团队线上内训的你,不知道有没有这样的梦想:

(1)拥有一个分身,按照你的指令,完全模仿你的方式,甚至连声音都一模一样,24小时帮你讲课,培训团队成员,彻底解放你,且让效率倍增。

(2)安全可靠,不封号。它不会像使用非微信官方App一样,动不动就封号,转播的过程中还不会出现乱序、漏播的尴尬场面。

(3)如果遇到需要编辑的情况,只需在原有收录的课件中做局部改动即可,可以快速实现无缝对接。

(4)转播权限为一次性购买,不会像一些平台软件那样需要重复购买。

(5)不会出现像普通营销手机一样仅限于转播,且重要内容无法自动收录的尴尬局面。

你想过把这样一款花钱少、集多种功能于一体的超级"课件转录神器"运用在你的日常学习和工作当中吗?

来自宝岛台湾、"瘾疯潮"平台的创始人老汤老师,投巨资组织软件研发团队,历时两年,终于把你、我和诸多营销人的梦想变成了现实。

我曾目睹,他利用乘坐动车的时间,完成了数天的团队内训。这让我惊讶不已!

你想一睹这个神奇软件的庐山真面目吗?明晚 8:00,老汤老师将在微信群里分享这款让诸多营销人梦寐以求的营销神器!

我以前花了199元的学费才能进群学习。今天,你只需发我1元红包即可入群!

进群后,你还将获得价值199元的电子书一本,如果你听完觉得不过瘾,我退你2元!电子书你可以留着继续看。

特别提醒：本次受邀请进群的人数仅限500人，我只有3个名额，刚才群里已经有397人了，再不行动就进不去了！

6.3.3 造势素材——告知文案的撰写重点

从上面的案例中可以发现，造势素材的准备是一个非常重要的环节，而文案表达又是这里面的重中之重。可能很多朋友会有这种感觉：我心里也有内容，但很难表达出来，形不成文案……

其实，用于造势的文案并没有那么难写，其中也有一些比较固定且有效的模式可以参照。在这里，我给大家分享几种比较典型的模式，大家可以根据自己的产品特点对号入座。

首先，我们把信息告知文案分成两部分：标题、内容。

1. 标题

标题是那些被邀约对象们看到的第一组信息，能不能在第一时间就抓住他们的注意力，标题的选取尤为重要。那什么样的标题具备普遍的吸引力呢？

我们都知道，利益对于绝大多数人来说都是难以抗拒的。所以，如果能在标题里直接对利益做完善体现，那往往可以取得先声夺人的效果。

在这方面，我总结了一个"三字诀"，可以用在标题的拟定上。

（1）**第一字：赚**。赚，就是告诉对方，花同样的钱，在你这里可以买到更多的东西或者学到更多的知识、技能等。

买家电，1000元怎么当3000元花？

花99元，学到1999元的社群运营课程！

（2）第二字：省。省，就是告诉对方在你这里可以少花多少钱，或者少付出多少成本。

这样引流，你可以少花一半时间、多爆两倍的粉丝！
今天参与，立省699元！

（3）第三字：送。送，自然就是各种免费福利的赠送，这个可以根据活动的实际情况来确定，这里就不举具体的例子了。原则就是把这种福利在标题里直接体现出来。

如果你的活动并不适合用这种"利益吸引"的方式去拟定标题，那还有一种通用的模式可以参考：**好奇心模式**。

这种模式，就是用一个"反常"的标题引起对方的好奇心，让他愿意去阅读后面的具体内容。比如，我们很希望对方来参加×月×日将要举办的活动，那就可以在标题上反其道而行：×月×日，一定把你的微信静音！

这就制造了一个悬念：为什么那天要静音呢？点进去看一下，原来是那天会有一场非常火爆的线上活动，会有很多人参与，很有可能在一两个小时之内群里会刷出几千条信息。

2. 内容

标题之后就是"内容"。这里，我们要做的就是告知对方具体的活动内容。这里也有几种固定的模式可以参照。

模式一：以"活动"为主题进行告知

展现形式：活动理由 + 活动力度 + 活动好处。

案例：

理由：× 月 × 日，应老壹老师邀请，几位国内外知名社群大咖将在精壹门举办线上论坛。

力度：当天，会有当下前沿的运营思维以及方法分享给大家，其中很多是目前还没有揭秘的，是名副其实的社群领域的"秘密武器"。

好处：所有现场参与的伙伴，均有机会和大咖们进行一对一交流，针对你在社群运营中的难点，得到针对性的解决方案。

模式二：以"产品"为主题进行告知

展现形式：产品背景 + 推出前的活动。

案例：

产品背景：经过 × 年实战总结，加上 × 年理论沉淀，结合当下主流的社群运营流派及方法，由老壹老师撰写的《序列式运营》一书将要出版了！

推出前的活动：为了感谢广大精壹门会员一直以来的信任和支持，特在新书上架之前举办一次"读书会"活动，由老壹老师为大家解读其中精华内容，并给大家做出阅读、应用的指导。

模式三：以"故事"为主题进行告知

展现形式：走心故事 + 福利活动。

案例：

走心故事：大学一毕业，我就进入了销售一线，摸爬滚打了这么多年，我深知那些传统销售人员经常要面对的种种刁难和尴尬。幸运的是，在移动互联网大发展的契机下，我的销售模式也完成了更新迭代，从传统的线下模式升级到线上模式，再跃迁到社群模式。但是，在各地巡讲的过程中，我发现很多伙伴竟然还处在最初的传统模式里，竟然完全没有把社群这个营销利器用起来，还在默默承受着传统营销模式的低效率、高成本……

福利活动：为了帮助这些伙伴们走出业绩低谷，也为了让我的一些社群理念能够在营销领域得到更充分的应用，×月×日，我将在精壹门××群举办一次专题分享，主题就是"如何实现从线下营销到社群营销的无缝过渡"。届时，我将把自己的"升级"经验毫无保留地分享给大家，帮助大家完成营销模式的更新迭代！

6.4　造势第三步：推广转化群

准备好了造势素材，接下来就是要把素材通过各种渠道分发出了。分发的渠道分为两大类：内部渠道和外部渠道。

- **内部渠道**：自己的微信群、朋友圈、个人微信、自媒体平台等。
- **外部渠道**：合作方的微信群、微友的朋友圈、微友的个人微信等。

在分发的时候，合理应用一些小技巧，可以增强推广效果。

第一步，先在朋友圈里进行活动告知，起到权威通知的作用。尤其是在群发私信之前，会提前以文字、海报，甚至图文的形式，把活动的相关信息在朋友圈进行充分展示。这样，当我们以私信的形式群发通知的时候，微友就可以通过朋友圈了解详细的活动信息了。

第二步，在流量群发布公告通知。所有的公告，都会以序列式的方式呈现出来，让微友感觉到活动是有节奏、有序的。

第三步，根据标签分类，精准地向微友发送私信通知。在这个步骤里，不建议使用千篇一律的群发内容，最好是根据微友的分类、属性，更换对应的称谓、活动介绍方式、活动亮点描述等，这会让对方感受到我们对他的重视，相应的，对方也会更加重视我们通知的信息。

　　另外，私信通知的内容一般会带有一个简单的互动动作。这里需要特别点明两个要点——简单、互动。比如：回复关键词"1"，报名参与活动。

　　首先必须要有互动动作，有了互动，才能做到初步的筛选；其次，互动动作一定要简单。我们要从对方的角度考虑，越易于操作越好。宁可让我们的工作人员多操作几个流程，也要尽可能地简化客户的操作流程。

　　在造势过程中，我们通过点赞、回复等互动，已经筛选出了一些有意向参加活动的潜在客户。此时，切记在前期不要马上拉人进群。我们要做的是提前为他们做好标签备注，然后在一个固定的时间点统一邀请进群，这样更加有仪式感。

　　而且，集体快速拉起一个微信群，相比一个个拉进群，更易于塑造出活动的火热氛围。同时，由于是集中式进群，运营管理上也更容易做出统一安排，这也可以在一定程度上减少团队的前期运营成本。

6.5　造势第四步：引爆转化群

　　当我们把对活动感兴趣的潜在客户筛选出来之后，接下来就是在统一的时间点建立转化群并把他们组织起来。

转化群建立的时间点应该选在活动开始前的 1～2 天。时间不宜过早，否则微友的注意力会逐步转移；也不宜过晚，因为可能会有微友无法第一时间看到进群邀约的信息，没能第一时间进群，我们要给他们预留一定的进群时间。

另外需要特别注意的是，在从建立转化群到活动正式开始之间的 1～2 天的时间里，**一定不能让群"冷"下来**。我们需要充分利用好这段时间，进一步培养与潜在客户的信任，拉近彼此的关系，充分调动起他们对活动的期望，这样也会保持社群的活跃度。

如果在活动开始之前就能够把这个群里的氛围调动起来，那么对于活动的成功组织，将会有很大助力。

那么，我们该如何让这个群"燃"起来呢？

6.5.1 转化群氛围打造

转化群的氛围打造，主要分两个阶段：微友进群前和微友进群后。在每一个阶段，都可以设计对应的环节，调动微友的参与感。

1. 微友进群前

微友进群前，我们先进行标签备注，然后让对方等待通知，最后安排时间统一进群，其实这个操作本身就是在调动客户的期待。甚至，有些门槛比较高的活动，还会设计专门的环节对微友的资格进行审核，让他们提交资料等待"录取"。

类似这样的过程并不是噱头，它是保持活动节奏的一种必要流程。

在正式邀约进群之前，我们还可以提前以私信的形式群发给所有备注的微友一条进群通知。这个动作会让潜在客户感受到仪式感、尊重感，以及服务的规范性。

比如，我们可以在进群前的私信里告知大家一些后续内容：

- 即将于什么时候邀请他进群；
- 进群后，即将于什么时候举办活动；
- 进群后有哪些注意事项（是否需要改群昵称，是否禁止广告等）。

这可以让他们提前了解到群的相关信息，减少他们在入群时对新群的陌生感和焦虑感。而且，前期工作里的每一个贴心细节，都有可能在最后转化环节中成为一个关键的"加分项"。

2. 微友进群后

微友进群后，我们需要让对方快速融入这个群的整体氛围当中。所以，一些动作是必不可少的。

（1）**入群欢迎**：每当有3～5个新微友进群时，我们可以发送一下入群欢迎语，让对方感受到群友的热情。这个环节，有些社群会选择用机器人完成，但是我们不建议这样做。发欢迎语本意是让对方感受到我们的热情，而一旦让对方意识到是机器人在发布消息，那么欢迎语的效果就会减弱一大半。

（2）**发布群规**：无规矩不成方圆，我们可以发布一下群规，以利于维护社群秩序。

（3）**自我介绍**：我们可以提供一个自我介绍的模板，引导大家互相认识。

（4）**话题讨论**：我们可以基于活动，延伸出一些开放性的话题，让大家互相交流、互相吐槽。

（5）**活动预告**：我们一定要告知群友，活动即将在什么时候举行，让对方有所准备。

【疯学公告01】

各位小伙伴大家好，我是来自宝岛台湾的企业经营者老汤，欢迎大家加入社群运营工具拆解群。对于各位的到来，我表示衷心的感谢和热烈的欢迎，欢迎大家。

4月29日，我将会揭晓一款最新的社群讲课神器，我相信对于这个神器，大家也从前面我发给大家的视频当中了解过了。

曾经有人问我："一边坐车，一边在5个群里做分享，到底是如何做到的？"

还有人问我："每天都在群里分享不同的内容，这些课从哪儿来的？"

更有人问我："一天报了10种课程，你到底怎么学的？"

其实答案只有一个：我有一个神奇的工具！

在揭晓神器之前，今天晚上（4月27日）20:00，我邀请了老壹老师、陈栋老师、菜大神老师、幽玄吉普赛、软件开发大牛洪文成老师以及我的学生东伟和我一起，在群里揭秘社群运营软件中那些不为人知的"深坑"，一起来吐槽用过的那些社群运营软件。

在今晚活动开始之前，群里的小伙伴们都自我介绍一下，大家相互认识一下，来说一说、聊一聊：你用过哪些跟微信有关的软件，用的过程中有哪些令你愤怒的经历？

（6）**倒计时公告**：在关键的时间节点，我们可以通过倒计时的方式吸引群友的注意力，提醒对方准时参加活动。

上述所有动作都是为了保持群内的热度，让所有群内成员都能感受到这是一个活跃的群，是一个有温度的场所。

6.5.2 100%预告触达的方法

在活动正式开始之前的造势环节,不管是对群氛围的打造,还是对仪式感的打造,都是为了让对方能够准时参加我们的产品发布活动。

在这个过程中,我们要尽量做到把活动消息100%地传达给每一位微友。为了保证通知效果,我给大家分享几个提高信息触达率的实用方法。

- **标签群发**:活动开始当天,倒计时还剩几个小时的时候,可以通过标签群发,通知活动即将开启。
- **一对一私信**:对于重要的客户,最好有专人跟踪,进行一对一私信通知,确保其到场。
- **发群公告**:在群里以倒计时的方式定时发布群公告。
- **朋友圈评论通知**:如果之前有让客户通过朋友圈点赞的方式报名活动,此时就可以在该朋友圈消息下发布评论通知,这样每一位点过赞的微友都将收到活动通知。
- **朋友圈提醒**:在朋友圈发布活动倒计时,并@重点客户。
- **引导复制**:可以在活动即将开始的时候,引导群内成员复制活动开始的通知并刷屏,通过短时间内的大量信息来引起其他人的关注。
- **电话或者短信**:针对那些有可能接收不到微信渠道信息的客户,以电话或者短信的方式发送活动即将开始的通知。

100%预告触达的方法

第7章 蓄势阶段

造势阶段结束，我们完成了活动信息的传达，组织起了一群对我们的活动感兴趣的人，而且这群人在社群里已经有了一定的活跃度。这时，社群运营的第一阶段的目标已经实现。在后续的运营中，我们要做的是在保证社群活跃度的基础上，完成高黏性的打造和信任感的加强。

这些运营目标，也是序列式社群运营第二阶段——蓄势阶段的主要目的。顾名思义，蓄势就是势能蓄积的过程。势能蓄积，代表着社群价值的持续输出、累积，也是社群黏性提升以及意向用户的信任感不断加强的过程。从运营上来说，我们就是要在引发大家兴趣的基础上，不断加强他们的好奇心、期待感，让他们对后续的流程充满期待。

7.1 蓄势的目的

蓄势阶段，其实也是进一步揭秘活动信息的过程。在层层揭秘中，逐步积攒势能，充分调动起参与者的兴趣。

我们可以在这个过程中，一步步地在社群里透露如下信息。

- 这是一个什么活动？
- 活动的目的是什么？
- 活动会带来什么好处？
- 将会在什么时候开放服务订购？
- 活动期间订购将会得到哪些额外的福利？
- 服务抢购的流程是什么？
- 订购之后找谁对接？

……

你可以把蓄势的过程理解为一个活动路演的过程。

整个蓄势阶段就是一个舞台，用来展示我们将要提供的核心价值，它既可以是我们后续要推出的某款产品的价值，也可以是我们后续要推出的某项服务或者活动的价值。而群里的意向用户，就好比是舞台下的观众。在这个阶段，我们要尽可能地把产品或者服务的价值以最好的姿态呈现给他们，获得他们的认可，从而形成对产品或者品牌的信任感。

在这个基础上，我们在运营中还会设计相应的促销活动、限时限量的赠品等成交主张，进一步激发用户的期待感，强化用户需求。只有在这个阶段的运营中积累起足够的势能，才能保证最后引爆阶段的效果，也就是更高的转化率、复购率。

很显然，在蓄势阶段的运营中，让意向用户进一步认可我们的价

值是关键所在。既然如此,我们对价值的传递和塑造就显得尤为重要了。可以说,蓄势的过程也是一个价值塑造的过程,这其中包括:

- 对项目的塑造(企业与项目是有实力、值得信赖的);
- 对产品的塑造(产品足够好,能够解决问题);
- 对活动的塑造(活动不可多得,福利多多);
- 对成交主张的塑造(机会不能错过,先到先得);

……

另外,为了更好地实现塑造的效果,在蓄势阶段的运营中,我们需要协调好多方的配合:

- 活动主持人要把控好整个活动的节奏,保证活动有序进行;
- 管理人员要管理好群内的互动,监督违规行为;
- 运营人员要多组织群内成员围绕活动进行话题交流,保持热度;
- 宣讲嘉宾要提前规划好宣讲流程,做到良好的呈现;
- 客服人员在宣讲结束之后,要把活动信息充分地传达给所有参与者;

……

可以说,一个看似简单的线上微信群活动,要把它运营好,却需要整个运营团队像精密的仪器一样紧密配合、相互协作,这样才能取得最后的圆满结果。

7.2 蓄势的注意事项

7.2.1 重点在于项目的塑造

在造势阶段,意向群体只是知道了将举办一场什么样的活动,我们传递给他们的就是一个轮廓，活动的具体细节基本都没有体现，而这些细节就是我们在蓄势阶段要塑造的重点。可以说，每一个活动细节的塑造，都是对活动价值的塑造，也是对社群价值的进一步体现。

意向群体可以通过我们塑造的一个个细节，逐步认识到这次活动的真正价值。在他们的眼里，项目的含金量是在不断提高的。相应的，他们对最终活动的期待感也会被不断加强。当这种期待感到达顶峰时，我们在引爆阶段通过运营就可以引爆它，转化效果自然会非常好。

所以说，整个蓄势过程其实就是一个塑造的过程。把项目的价值逐步展现给意向群体，更有力地调动起他们的注意力，引发他们的期待感。

7.2.2 不是销售的过程

前面我们说过，蓄势是一个塑造的过程，目的是加强意向群体的好奇心、悬念感。在这个过程里，我们会逐步披露更多的活动细节，但是这个过程仍然不是销售的过程。我们的专注点在"塑造"上，我们的运营目标是要持续强化意向群体的期待感，建立更强的信任感，而不是去直接引导成交。

在实际运营中，有时候难免会出现类似这样的情况：在我们塑造某一个细节时，很多意向用户觉得非常感兴趣，想要购买。那这个时候是否可以开放购买通道呢？很显然，即便是意向用户因为某些信息产生了很强的期待感，这时我们最终要推出的产品或者项目的全貌仍然是神秘的，并没有完全展示出来。这也就意味着，我们在蓄势阶段的运营并没有完成。此时我们仍然需要控制节奏，按照设计好的运营流程去执行，不要急于做成交。

这就和我们前面说过的追剧心理是一样的道理。最终的引爆阶段，相当于我们这一场活动的"大结局"，也是最大的"高潮"。如果一部 20 集的连续剧，看到七八集的时候，观众就知道了最终的"大结局"，那他还会有热情继续追下去吗？就算他继续追下去，还会有那么强的期待感、悬念感吗？

保持意向群体的期待感，等待大结局，让这种期待感不断蓄积起来，形成一股更强的势能，这才是我们在蓄势过程中要实现的目标。

7.2.3 一环扣一环

蓄势是一个塑造的过程，但并不是说我们想到什么就去塑造什么。很多社群线上组织的活动，在这个环节会出现"无序塑造"的情况。比如，事先并没有给这个阶段的价值塑造设计一个发布逻辑，仅仅是把和项目相关的介绍一股脑儿地发出去，认为这样就能让意向群体认可、接受这个项目。但实际情况结果呢？意向群体接收到的信息是混乱的，而混乱的信息一定是难以让人信服的。

这跟我们交朋友是一个道理。大家可以想一下，当面对一个陌生人时，你不会一下子就完全认可这个人。往往是先认可这个人身上的某一个特征，比如他在哪个方面很专业、他的谈吐幽默风趣、他待人诚恳……通过某个你认可的点，你再对这个陌生人进行更全面、深入的了解，进而对这个人产生全面认可，这才是一个正常的过程。

同样，我们一股脑儿地把项目介绍堆到客户面前，这不就是在试图让客户直接认可一个陌生人吗？效果自然不会好。

所以，蓄势环节里，塑造也是要讲究逻辑的。要通过以点带面的方式，让大家逐步、顺理成章地认可整个项目。

1. 开场前充分地触达与通知

我们要通过对项目价值的塑造来蓄积大家的热情和期待感，为最终的发售蓄势。我们首先要保证的是：让所有人都能接收到我们的信息。这是影响蓄势效果的一个关键因素。所以，在开场之前，我们就要做好一个动作——使信息100%触达所有人。

2. 主持人开场蓄势，制造氛围

所有的活动，一开场往往都会有一个"慢热"的阶段，因为开始时大家的注意力还没有完全集中起来。这就好比我们去观看一场演出，入场之后，大家要找好自己的位置、坐下来，然后慢慢融入演出营造的氛围，在融入氛围前人们的注意力并不能完全放到演出上。在这个过程中，主持人的作用就是要尽可能让大家将注意力集中起来，放到即将开始的活动上。

也就是说，主持人在开场阶段所做的工作，其实就是热场，制造活动的氛围，调动大家的情绪，尽快让大家度过开场几分钟的慢热期。

3. 对嘉宾的塑造

前面我们说过，蓄势环节里的塑造是有逻辑的，是用"以点带面"的方式，让大家逐步地、顺理成章地形成对整个项目的认可。在这个过程里，塑造嘉宾就是最开始的那个重要的"点"。

为什么这么说呢？因为相比于整个项目，或者说相比于我们最终要推出的产品而言，嘉宾具备一个非常大的优势——他是一个鲜活的人物，更容易产生亲和力，让人产生信任感。

对嘉宾的塑造，很容易让大家在脑海中形成一个清晰明确的人物形象。而在这个塑造过程中，我们一定会提到嘉宾在某些领域的专业度或者成就，这就是我们在大家心里建立认可度的一个起点。先让大家去接受和认可一个更具亲和力的嘉宾形象，而不是直接去接受和认可一个项目或者一款产品。

以下是"疯学机"发布会上，主持人开场的主持稿，供参考。

各位小伙伴，大家晚上好。
我是今天晚上"疯学机讲课神器"发布会的主持人，小舞。

非常荣幸能参与本次社群运营工具拆解大会，更加期待今天晚上"疯学机讲课神器"的发布。此时此刻，我真的非常非常激动，也非常非常期待。

这两天，我们见识了大佬们给我们带来的精彩内容，真的让人眼界大开，很多东西都是闻所未闻，很多黑科技真的是让人眼前一亮。总结起来就两个字：震撼！我觉得能够来到这个群真的是太幸运了，非常感谢所有邀请我们进来的小伙伴。

但是据我所知，更加令人震撼的"神器"会在今天晚上发布。大家期待吗？

短短两天时间不到，我们都充分地感受到了这个群里所有小伙伴的热情和激情，为了能够让今天晚上的"讲课神器"发布环节更加精彩，接下来我有几个小小的要求要告诉大家。

第一，老汤老师今晚在本群里的分享涉及很多机密，未经允许，严禁以截图、聊天记录、录屏、转播、收录等形式对外传播，否则由此造成的一切后果由违规者自行承担责任，若造成经济损失，依法追究补偿；

第二，积极正面，相互捧场，严禁诋毁、恶意评论，否则清理出群，情节严重者依法追究责任；

第三，今晚，老汤老师的讲话非常非常重要，所以在老汤老师讲话期间禁止过度互动和刷屏。

好，下面我就给大家隆重介绍一下我们的老汤老师。

认识老汤老师的人都知道，他是一名企业家，创业20多年，早期一直从事手机配件的生产和外贸业务。在中国的苏州、杭州、深圳、台湾，以及日本的东京都投资了公司，涉及社交电商、区块链、医药健康、企业服务等很多个行业。但是，他把大量的时间和精力投入在一个并不是他赚钱最多的"瘾疯潮"创业者社交电商平台上面。

为什么呢？

他表示，他基本上加入过我们身边所有人所了解的各种各样的社群，跟老壹老师差不多，也投入了上百万人民币。通过在这些社群里研究、学习，他发现很多创业者特别需要一些创业方面的支持，所以他愿意花很多的精力来支持这些中小微创业者。今晚，他将为我们群里所有从事微商或直销的团队长、讲师、社群主，带来一套全新的社群运营"神器"！

下面，我们以热烈的掌声隆重邀请老汤老师闪亮登场！

4. 嘉宾出场

可以说，只要前面对嘉宾塑造的环节做到位了，嘉宾一出场就是自带"信任光环"的。

通过主持人在开场时的塑造，大家已经知道这个人在哪方面专业、有什么样的成就了。但是，在活动正式开始之前，大家仍很难和这个嘉宾产生直接连接，他们之间是有距离感的，而嘉宾的出场发言，就会迅速地让这种距离感归零。

成功的嘉宾出场，甚至会营造出一种"千呼万唤始出来"的氛围，瞬间引爆大家的激情。所以，嘉宾出场也可以设计出适合个人特质的小场景：一小段视频、一小段设计精妙的开场白，或是几句带有典型个人特色的开场互动语。

5. 嘉宾对项目的介绍

嘉宾出场所引发的只是第一个小高潮，因为前面的塑造环节让大家对嘉宾有了很强的期待感，那他一出场，和大家一打招呼，大家就会自然地产生一种满足感。

在这种场景下，嘉宾对项目的介绍，其实就是一种非常隐蔽的信任转移——把大家对嘉宾的认可转移到对项目的认可上。

6. 成交主张的塑造

嘉宾对项目的介绍，可以让大家对项目或者产品建立起一种基本的认可，那这是否表示就有了最终形成高转化率的基础了呢？

显然还不够！

比如，某个你非常信任、喜欢的公众人物代言了某款产品。你极有可能会爱屋及乌，对这款产品产生兴趣并认可。但是，这还不足以让你购买，因为还少了一些最关键的条件：对这款产品的需要。如果你刚好需要这款产品，那么另一个问题又来了，你的需求是不是强烈到现在、立刻、马上就要购买呢？

因此，仅有嘉宾对项目、活动的介绍，还远远不够。我们还需要给大家一个更为充分的理由，一个马上选择我们的产品、项目的理由——让他们充分意识到，这个项目就是他们必需的、急需的，一刻都不能耽搁！

这就是成交主张的作用，一个精妙的成交主张，可以瞬间改变大家对项目的态度，从接受、认可转变为迫不及待地下单购买！

7. 揭秘活动参与流程

成交主张的塑造，可以放大潜在客户对产品或者项目的需求。到了这个阶段，大家的注意力会很自然地发生转移。这时，他们更为关注的是：我如何才能获得产品？我如何才能加入项目？

这时就是我们揭秘活动参与流程的最佳时机：用清晰、准确的流程，引导大家去做后续的动作。

7.2.4 需要制造惊喜和悬念

前面已经介绍了整个蓄势过程的逻辑，按照流程走下来，我们可以顺利地调动起意向群体的注意力，并且保持和加强他们的期待感，直至转化为最终的成交欲望。

但是我们都知道，保持意向群体的注意力，远比调动他们的注意力要难。因为整个活动是发生在一个时间段之内的，时间越长，参与者的注意力越容易分散，这是一种非常普遍的情况。就跟我们看电影、看演出一样，你很难保证自己不出现走神儿的情况。

为了避免意向群体频繁出现"走神儿"的情况，我们在蓄势的过程中，一定要有意识地提前设计好抓取、强化大家注意力的环节。

- **制造惊喜**：比如，在某个时间点公布某种福利或者是某项奖品，让大家有一种"意外收获"的感觉，这可以有效强化他们对后续活动的期待；
- **制造悬念**：比如，在某个时间点预告后续活动中的某个细节或者和产品相关的某种价值。注意，这里是"预告"，而不是"公告"。也就是说，我们要"说一半，留一半"，这才是引发大家好奇心的正确方式。

用惊喜制造满足感，让大家保持持续的关注；用悬念制造神秘感，让大家保持持续的期待。

提前设计好这两个环节，可以在很大程度上保障整个蓄势过程里信息传达的有效性，也就是让大家能真正地听进去。

7.3 蓄势背后的六大消费心理

讲过了蓄势过程的逻辑和流程，可能很多小伙伴会产生一些疑问：为什么要这么做？为什么是这个顺序？不做这些动作就不可以吗？

其实，就像我们之前说过的，社群的运营要以人为本。这些流程是在合乎人性的基础上设计的，它们都是符合营销逻辑的，充分考虑了人们的六大消费心理。

7.3.1 人们相信权威

在物质非常匮乏的年代，驱动大家消费的就是原始、简单的需求：肚子饿，有饱腹的食物就可以；身上冷，有御寒的衣物就可以……这种情况下，是绝对的卖方市场，站在消费者的角度，只有买得起、买不起的问题，不存在更多的选择标准。

但是现在，情况全变了。消费者的需求变得越来越复杂，甚至难以捉摸。归根结底，是因为人们的选择变多了。人们的经济条件越来越好，产品种类越来越多，让消费者有了更为广阔的选择空间。

在这种现状下，人们如何选择自己的消费目标呢？大家不妨回想一下自己的消费场景——如果你要买家电，你是会买格力、长虹、海尔之类的知名品牌呢？还是会买一个自己从没听说过、也不知道产地是哪里的牌子呢？

我敢保证，绝大多数人会优先选择知名品牌！

为什么？因为知名就意味着被很多人验证过，意味着很多人都认可它。既然这样，那你是愿意选择一款被很多人认可的、非常安全的产品？还是愿意选择一款几乎没有人验证过的、可能隐藏着风险的产品？显然，你会选择前者！这就是权威的力量。

权威，是一种极具公众影响力的威望，人们对于权力的服从，有可能是被迫的；但是，人们对于权威的服从或者跟随，一定是自愿的！

我们在蓄势过程中对宣讲嘉宾的塑造，以及通过宣讲嘉宾对项目的塑造，都是在建立一种权威感。塑造宣讲嘉宾，树立嘉宾的权威性；塑造项目与品牌，让活动参与者认可产品的权威性。

只要这种权威性能够成功建立，大家就一定会自愿追随的！

7.3.2 人们希望有信任感

这里所说的信任感，不是对权威的信任，而是一种"消费信任"。人们购买某种产品时，不希望自己是孤独的，他们更希望跟有同类需求的人打交道。

大家可以想一下，当一个销售员给你描绘出某种需求场景时，这个场景恰好就是你刚刚经历过的，你是不是会很自然地产生类似这样的感觉：原来你也是这样呀。这种感觉就是一种"消费信任"，由于有过相同的或者是类似的经历，大家就存在着某个层面上的共同语言。哪怕你是一个销售员，对方也会认为你能理解他的需求，你就更有可能解决他的问题。

也正是因为这一点，我们在蓄势过程中，在对项目或者产品进行塑造时一定要提出相应的场景。而且，这些场景最好是你曾经经历过的，如果听众也有类似经历，便可迅速在两者之间达成消费信任。

7.3.3 人们有期待心理

在社群运营中，我们很多时候需要对产品或者项目进行塑造，那常见的塑造方式是什么？塑造产品技术、塑造产品优势等。我们通常会介绍产品规格、产品参数……但这些做法真的有效吗？

大家有没有想过，意向群体进入我们的社群，到底是为了什么？就是为了购买产品吗？并不是！

真正能让消费者愿意买单的，是产品的使用效果！或者可以说，消费者真正期待的是与产品对应的消费体验：

- 花钱买一台电视，自然是为了欣赏画面清晰的影视节目；
- 花钱买一堆零食，自然是为了享受它们的美妙滋味；
- 花钱买一本讲手机拍照技巧的图书，自然是为了学会用手机拍出美图。

……

既然如此，技术优势、规格参数能让消费者产生任何消费体验吗？显然不能，因为它们只是冷冰冰的数字或者说明而已！

要知道，蓄势只是序列式社群运营的第二个阶段，意向用户还没有把产品拿在手里，他们对于产品是缺乏感性认知的。罗列技术指标、规格参数，不但不能补足这种感性认知，反而会把产品变得更加抽象，这完全不能刺激意向用户的消费需求。

所以，我们要做的，是在意向群体拿到真正的产品之前，让他们预先体验到产品的使用效果。比如，可以描绘使用产品后会出现的场景，让意向群体能够产生一个非常具体的想象场景：用了产品后，我会如何……

这种非常感性的场景体验感，才能引发他们的期待：对拿到产品、使用产品的期待。

所以说，相比冷冰冰的数字或者说明，场景化信息的传达，更能满足人们的期待心理。

7.3.4　人们需要亲和力和温度

相信所有人都有过逛商场的经历，那我们不妨回想一下，在家电展区、化妆品柜台、珠宝首饰柜台，是不是都有导购人员？他们会在旁边察言观色，一旦发现你对某款产品有兴趣，就上来进行介绍。

其实他们介绍的内容，往往都是产品的功能说明或者优势介绍。既然这样，为什么不放上几张说明书替代这些导购人员？或者再周到点，拍摄一段产品使用说明的视频，放一台播放器在那里循环播放？

不同的方式给消费者的心理感受不同。比较起来，人们一定更愿意和有"温度"的人打交道，而不愿意和冷冰冰的品牌或者产品打交道。

一张说明书或者一段循环播放的产品使用说明视频，能不能让消费者产生亲切感？显然不能，因为这些东西都没有生命力，谁会对一个物体产生亲切感呢？

但是，当这个介绍产品的媒介变成一个活生生的人时，情况就不一样了。首先，你和导购人员之间的沟通是没有障碍的，对方能即时地给你反馈，这本身就是一种满足。其次，对方身上有无数的细节，都有可能让你产生亲切感，让你感受到那种温度，比如一个微笑、一句夸到你心里的赞美、一口标准的普通话、一身非常职业的装扮、几个恭敬有礼貌的动作……

而且，更为关键的一点是，这些其实都是产品的附加价值！

社群时代，我们作为运营者，不能粗暴地把产品推荐给意向群体，而要通过社群这个渠道，给意向群体提供超越产品本身使用价值的消费体验，把他们服务好，他们才会更愿意在我们这里买单。也正是因为这一点，前面才特意提到超级个体的打造。

用超级个体替代企业品牌去和意向群体接触、连接，就是利用了其在亲和力、温度上的特殊优势。很显然，超级个体的形象，更能满足人们在亲和力方面的诉求。相应的，也就更容易促成后续的高转化以及高复购。

7.3.5 人们喜欢重大活动和仪式感

"生活需要仪式感"这句话大家肯定不会陌生。其实不光是生活，消费的过程中，或者说成交的过程中，也是需要仪式感的。

仪式感，并不是搞一套刻意的流程，更不是把简单的事情复杂化。打个比方来说，同样是喝茶，下面有两个喝茶的场景，哪一种会让你更为舒服、享受？

场景一：一个搪瓷茶缸，放上茶叶，倒满开水，放在你面前的桌子上；

场景二：一间茶室里，专业的茶艺师有条不紊地温壶、注茶、刮沫、注汤、点茶、闻香……最后才把一杯香茶捧到你的面前。

答案一定是第二个场景！

那你是在享受什么呢？难道是享受这一道道的工序？还是享受为了喝一杯茶等待的那些时间？

自然都不是！你真正享受的是这种态度带给你的尊重感、仪式感，因为这就好比是在暗示：你不是一般的人，我在用非常庄重的姿态，表达对你的敬意。

试问，有谁会不喜欢被重视、被尊重的感觉呢？

所以说，仪式感很重要，但重要的并不是仪式本身，而是通过这些仪式，表达出的重视、尊重，这才是仪式感的关键所在。

相应的，我们在蓄势过程中，也要尽可能给参与者足够的仪式感。最基本的就是整个活动的流程安排，不管是前期的通知还是中间的视觉呈现，都要显得规范、精细。

专业化的流程设计以及执行，就是为了让大家感受到：组织这次活动，我们是足够用心的，我们是非常重视对方的。

7.3.6 稀缺性促使人们快速下决定

"物以稀为贵"是一句大家耳熟能详的俗语。其实，这种现象在消费心理层面的体现极为明显。

大多数人会有这么一种惯性思维（其实这种判断并不见得就是准确的）：如果某种产品很多、随时都能够买到，那这种产品就不是我马上需要购买的；如果某种产品只有几十件，或者只有通过某个特定的渠道才能买到，那这种产品往往就会立刻变得紧俏起来，必须要赶紧抢到一件才行。

比如说，两家店铺都在销售同样的糕点，其中一家的公告是"24小时营业，现买现做，新鲜出炉"；另外一家的公告是"现买现做，新鲜出炉，每天只做 20 炉，售完即止"。你就会发现一个很有趣的现象：第二家店铺的门口，更容易出现排起长队的情况，而第一家，则往往是零零散散的顾客居多。

当人们可以轻松、随意地获取到某种产品时，即便是需要这个产品，他们的消费需求也不会是急切的，他们会更喜欢等；反之，当某种产品数量很少或者销售时间很短时，只要是有可能需要这个产品，人们的消费需求就会变得非常急切，然后很主动地去"抢"。

在成交主张的设计上，完全可以去制造、激发这种急切心理，比如通过限额、限时等方式，制造产品的稀缺性，促使意向群体快速地做出购买决定。

以上内容，我们主要从理论层面来解析整个蓄势过程的逻辑。接下来，我们就从实操的角度了解一下这个阶段的具体操作流程。

7.4 蓄势第一步：准备蓄势素材

蓄势过程的本身，也是一场活动。我们都知道，充足的素材是活动呈现的必要保障，同时也是转化率的保障。为了更好地呈现活动，我们需要提前准备一些活动素材，一般来说，包括以下内容：

- 活动主题海报
- 活动政策海报
- 产品卖点海报？（多张）
- 宣讲嘉宾介绍海报
- 活动开场视频
- 客户见证视频
- 宣讲PPT
- 主持稿
- 销讲稿
- 促销品
- ……

准备素材的过程中可能会遇到一些问题。根据我在社群运营方面的实战经验，以下几个方面会是其中的难点，我也把相关的经验分享给大家。

1. 活动主题的确定

活动主题是我们向大家传递的核心概念，最关键的是要体现产品或者服务能带给大家的利益。根据不同的社群运营场景，拟定活动主题时可以参照以下3个角度。

（1）**从消费心理的角度确定活动主题（适合于产品辨识度高的场景）**。比如某种创新性产品的发布，或者某类产品的创新性应用，都可以围绕着"创新"这个点调动消费者的"求新"心理；再比如在外形、包装或者色彩等方面有明显优势的产品，可以从消费者的"求美"心理出发，放大人们对美的追求。

另外,"求名""从众"也都是很典型的消费心理,如果产品能和人们熟知的名牌产生关系或者属于正在流行的产品品类,那么完全可以围绕这两种心理拟定活动主题。

(2)**从营销策略的角度确定活动主题(适合于活动政策力度大的场景)**。例如"有奖销售""满减""超级赠品"等,如果能够给意向群体足够的价值感,也就是能让他们觉得超值,那也可以将其作为活动主题进行重点宣传。

(3)**从IP形象的角度确定活动主题(适合于IP效用显著的场景)**。活动的发起者、组织者或嘉宾中,如果有大家熟知的知名人物,那么以这个号召力强的IP形象为中心设计活动主题也是一种很有效的方式。

2. 卖点提炼

很多人从自己的产品里找不出特别有吸引力的卖点,实际上,这往往是因为没有搞清楚卖点到底该怎么提炼。

两个主要的提炼原则:

(1)**人无我有**:同类产品不具备的特征,你的产品具备。比如,同样是介绍社群运营方法的书,这本书里讲到了别的书中没有的"序列式"。

(2)**人有我精**:同类产品都具备的特征,你的产品效果更好。比如,老板抽油烟机的"大吸力"。

3. 嘉宾塑造

在介绍嘉宾的海报上,要体现 4 个方面的关键信息。

(1)**所属行业**:具体从事什么领域;

(2)**行业地位**:一般以称谓的方式体现,如"资深导师";

（3）**相关成就**：荣誉称号、行业资历、影响人群、代表成果等方面的介绍；

（4）**直接价值**：这位嘉宾能够给大家带来什么好处。

4. 见证收集

用视频的方式做客户见证，可信度会更高。但是，在实际操作中，可能大部分客户不见得有条件拍摄一段完整的视频，或者拍摄的效果并不好。

我们可以先拍摄出一段主体视频，主要体现和产品相关的一些介绍信息。用户根据自己的使用情况，拍摄一句话的短视频，用一句话表达自己使用产品的感受（也可以对台词进行一定的设计）。后期，我们通过视频剪辑就可以做出一段极具说服力的见证视频了。

5. 促销品准备

如果活动中有促销品提供，选择时也要注意几个原则，不然促销效果会大打折扣。

（1）**关联性**：和发售的产品有关联的促销品会更合适，比如发售一款营销手机时，可以使用一些线上营销课程作为促销品，会相得益彰。

（2）**季节性**：选择促销品时，尽量不要选取反季节的产品，如果促销品是需要搁置一段时间才能用到的，那就会大大降低它的价值感。

（3）**新颖性**：哪怕是批量购买某促销品，也一定要体现出一定的新颖性，不要让它变成大路货。比如定制一个特殊的包装，或者加一个活动 LOGO。

（4）**实用性**：促销品最好是使用方便、不需要额外售后服务的，这可以降低我们的后续运营成本。

7.5 蓄势第二步：暖群

素材准备好后，蓄势活动就要开始了，中间这一小段时间，还需要做的一件重要的事情就是"暖群"——吸引意向群体的注意力，同时塑造宣讲嘉宾。暖群的具体做法，大家可以参考下面这个具体流程，再根据自己的实际活动情况做调整。

1. 倒计时

活动开始前的一段时间，可以在群内发布倒计时公告，提醒大家准时上线，不要错过活动时间，实施方法有两种。

（1）如果距离开场时间较久，比如还有几个小时，可以用文字倒计时的方式进行公告；

（2）如果距离开场时间很近，比如1个小时之内，可以用红包倒计时的方式在群内进行公告，提前把大家的热情调动起来。

下面我们来看一个例子（活动开始时间为晚上 8 点）。

（1）距离开场时间较久：

上午 10 点和中午 12 点，针对大家昨天提出的有代表性的问题，各位大佬已经做出了解答。如果你还有疑问，我们之后会在瘾疯潮社群内部邀请更多大佬与大家进行分享、交流。

想必大家前两天收到本次活动通知时就听说了，我将在本次活动上发布一款"神器"。具体是什么"神器"呢？晚上 8 点，我将在本群为大家揭秘。

下午 3 点，本群的名字将会更改，请大家务必把本群置顶，以免过后找不到本群，错失"神器"就不好了。

（2）距离开场还有 5 小时：

大家进这个群之前就已经知道了，我们将会有一款多群讲课"神器"发布，很多人也一直非常期待。现在，这一刻即将到来了，距离今天晚上的活动只有 5 个小时，下面，我们将把这个群的名称正式更改为今天活动的名称"疯学社群讲课神器发布"，请大家留意。

（3）距离开场还有 2 小时：

各位小伙伴好，距离今天晚上的多群讲课"神器"发布会仅有 2 小时，说真的，我比大家还激动，很多小伙伴私信问我："到底是什么样的神器可以让你同时在 5 个群分享？"为了满足大家的猎奇心理，18:00 整，我会让我的学生东伟老师给大家提前透露一些视频，让大家看看参与内测的小伙伴们的真实体会，好吗？

如果你是讲师、微商或直销团队长、社群运营者，请务必定好闹钟，以免错失"神器"！

2. 签到

视群内人数的多少，在活动开场前的 5～10 分钟，就可以组织大家进行签到了，这不只是在制造氛围，也是一种仪式感的体现。

具体的签到方式可以是让大家做一个"打 1"的动作，或者刷鲜花、刷口号、刷一句事先设计好的成交暗示语……

比如正式活动是晚上 20:00 开始，19:50 群管理员可以编辑一条类似这样的群公告：

10 分钟之后，我们的活动将正式开始
已经到场的小伙伴，请回复"1"签到

群公告发布后，群内的所有人都会收到信息，要提前安排好我们的管理人员第一时间进行签到，有人带头，大部分人就很容易动起来。

3. 按主持稿介绍嘉宾

主持人出场，进行嘉宾推介，可以用文字的方式，配合嘉宾海报、嘉宾视频等。介绍嘉宾时，可以适当地"卖卖关子"，进一步调动群里的气氛：

（1）先用文字的方式，介绍嘉宾的成就；
（2）介绍完成就后，让大家猜一猜将要上场的是谁；
（3）以嘉宾名字＋嘉宾称号的方式揭晓；
（4）发嘉宾海报（或视频）。

4. 邀请嘉宾出场

主持人完成对嘉宾的塑造后，邀请嘉宾出场，进入下一个环节。邀请嘉宾出场时，可以再次调动现场的注意力，让大家把注意力都集中到将要开始的分享上。

根据嘉宾的分享稿，提前梳理出几个重点问题，也就是嘉宾在分享中将要帮大家解决的问题。用文字的方式把这几个问题发出来，再引出嘉宾老师为大家解决这些问题。

7.6 蓄势第三步：将欲望推向极致

所有的铺垫，都是为了即将到来的高潮。

我们前面所做的运营，就好比是不停的"心理建设"，在意向用户的心里种下一颗种子，培育它发芽、生长。在进入最后的引爆阶段之前，我们还需要再进一步，将"欲望"推向极致，最大化意向用户的期待感、信任感，让他们忠诚于我们的产品或者品牌，这可以最大限度地激发意向用户对我们的产品的占有欲，最终顺利进入引爆阶段。

那这一步关键的动作，要如何做呢？

- 见过苹果创始人史蒂夫·乔布斯的产品发布会吗？
- 见过特斯拉电动汽车创始人埃隆·马斯克的发布会吗？
- 见过微软公司首席执行官史蒂夫·鲍尔默的发布会吗？
- 见过小米手机董事长雷军的产品发布会吗？

……

他们都是产品发布的高手，更是激发欲望的高手。从出场开始，他们的每一个动作、每一个眼神都在营销，都在刺激着关注发布会的粉丝的欲望。最终，他们强有力的感染突破了粉丝的欲望防线，引发了连夜排长队抢购产品的热潮。

他们之所以能将欲望推向极致，最终引发浪潮式发售，根本原因是他们背后都有一套缜密的宣讲逻辑，能够放大意向用户的期待、引爆意向用户的欲望。这套宣讲逻辑在营销圈已经流行很多年，帮草根营销人赚取了大量的财富，至今仍然被各行各业广泛应用。

而且，这套模式在国内已经发展出各种各样的版本，被应用到招商会、会议营销等多个场景。随着移动互联网的发展，人们利用这套模式，借助微信群直播、语音直播、视频直播等渠道，大大提高了转化率。

这套宣讲逻辑与正式演讲的逻辑不一样，它最终目的只有一个——

实现高转化率。可以说，这套宣讲模式自始至终都在对意向用户的情绪进行"运营"，不断地刺激他们的需求。

从演讲者出场那一刻起，营销就开始了，通过各种吸引眼球的方式和话题抓住注意力，分享与听众有关的话题，持续引起关注。以讲故事的方式快速建立信任，再描绘蓝图刺激欲望，最后以稀缺性和紧迫感等刺激用户立即采取行动。

为了找出最具普适性、容易复制的社群宣讲公式，我投入了大量的时间和资金进行研究，最终在众多的宣讲逻辑中找出了3种行之有效的宣讲公式。在本书里，我会分享一套相对简单易行的宣讲公式，并提供相应的参考案例。

这套社群宣讲公式不需要口若悬河的好口才，更不需要会表演，也不需要霸气、外向的性格。它只需要宣讲者有灵魂、有思想。因为随着移动互联网的发展，我们不再需要和消费者进行面对面的销售。我们可以借助微信群、语音直播等多种方式来阐述我们的思想，通过思想牢牢地抓住消费者。对于不擅长面对面表达自己的人来说，完全可以通过练习宣讲稿实现销售。

这套社群宣讲公式的核心是：**痛点 + 好处 + 解决方案**。

- "痛点"就是不用你的产品会遇到什么样的问题；
- "好处"就是用了你的产品会怎么样；
- "解决方案"就是你的产品的卖点。

在这套公式前加上必要的礼仪，在这套公式后加上促进成交的条件，就是一套更加完善的宣讲公式：**问好 + 致谢 +（痛点 + 好处 + 解决方案）+ 成交主张 + 行动指令！**

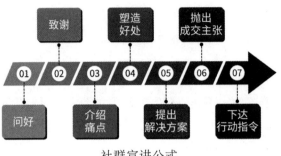

社群宣讲公式

至于到底要讲几个痛点、几个好处，以及几个解决方案（产品的卖点），完全取决于你的时间安排：

- 如果是 15 分钟，就准备 1 个痛点、1 个好处以及 1 个产品卖点；
- 如果是 30 分钟，或者是 1 小时，就准备 3 个痛点、3 个好处以及 3 个产品卖点；
- 如果是两三个小时，就准备 5 个痛点、5 个好处以及 3 到 5 个产品卖点。

另外，在 3 个核心中间注意穿插一些相应的案例和故事。

网上有一款"三合一伸缩数据线"，我们以此为例，设计一次社群宣讲——

第一步：列举 3 个痛点

- 单头数据线，遇到手机插孔与其不匹配的情况时，就无法使用；
- 线太短，充电时可能要蹲在插线板旁边看手机；
- 线头杂乱无章，容易缠绕。

第二步：列举 3 个好处

- 三合一接头，各种品牌和型号的手机都可以使用；

- 长短可伸缩，解锁各种充电姿势；
- 方便收纳，自动收缩，防缠绕。

第三步：解决方案（即三合一伸缩数据线）

我们把上面的要素组装起来，就变成了一份社群宣讲稿：

（1）问好
各位群里的小伙伴大家好！

（2）感谢
首先感谢所有小伙伴应邀进入本群参加今天的活动！
然后感谢所有参与组建本群的小伙伴们！
特别感谢主持人对我的推介！

（3）描述3个痛点
在给手机充电时，大家有没有遇到过一些麻烦和不方便？
比如说，单头数据线，遇到型号不匹配的情况时，就无法使用，有没有？
再比如说，线太短，充电时可能总要蹲在插线板旁边看手机，有没有？
不仅如此，如果手机充电线的线头太多，线头杂乱无章，很容易缠绕在一起，而且收起来很不方便，对吗？
大家知道为什么会这样吗？
因为你不知道使用三合一手机充电数据线。

（4）描述3个好处
首先，任何手机都可以使用；
其次，长短可伸缩，解锁各种充电姿势，不需要蹲在插线板旁边充电；
最重要的是，方便收纳，自动收缩，防缠绕，携带非常方便。

（5）解决方案

××牌三合一充电线，长短可伸缩，携带方便，匹配任何型号的手机。

（6）成交主张

首次购买的客户送手机贴膜1张，限前100位，送完即止。

（7）行动指令

立即转账38元给群主，争取到这次福利。

你看，做一份社群宣讲其实不难，只要把这一套模板练到极致即可。当然，对痛点和好处的提炼以及描述，是需要相当的经验和眼光的。

7.7 蓄势第四步：揭秘抢购流程

大部分的社群运营，都是在嘉宾分享结束后立马执行成交动作。这种趁热打铁的方式，看起来好像能最大程度保障成交转化率，但是有时候，我们可以适当地再吊一下客户的胃口——嘉宾在分享的时候，只做预售的通知，而真正的发售要等到后面的某一个时间，让大家准时等候。

这是一个塑造价值的过程，也是一种心理效应。

其实，营销的过程就是一个把人们的欲望激发到极致的过程。当大家认为马上就可以拿到产品的时候，我们却把这个时间节点推迟了，那种"看得见却摸不着"的感觉，就很有可能把大家的购买欲望激发到极致，从而提升最后的成交转化率。

在这个过程中，有一个要求，就是你的呈现力要足够强，要能真正地把潜在客户的渴望程度激发到极限，让他们愿意去等待。也就是说，我们在之前的运营中，已经建立起了足够的期待感、信任感，意向群体也已经具备了一定的忠诚度，这种方式才是可行的。如果没有这个基础，他们本身就没被你的宣讲打动，转化率本来就不会很理想，而且还不能立即购买，最后的结果可能会更加惨不忍睹。

亲爱的小伙伴大家好，多群讲课"神器"——疯学机全球发布会已经结束，请大家保持群里安静，认认真真回顾一下我刚刚的分享，同时请将链接收藏好，明天上午10点，抢购通道准时打开。祝大家晚安！

本次活动，前30位抢购成功的小伙伴，可获得限量赠品：

（1）价值8800元的名师课程（疯学机专用）

（2）疯学机推广权（价值999元）

（3）社群创富孵化营（1、2阶段）(价值999元）

（4）高级营销功能优惠（折价400元）

（5）瘾疯一族高端社群（价值999元）

（6）精壹门铁杆身份（价值1000元）

第8章 CHAPTER

引爆阶段

引爆阶段，是整个序列式社群运营的最后一环，也是检验运营效果、收获运营成果的一环。

进入这个阶段，社群里的意向用户已对我们的社群、产品或者活动有了信任基础，也就是说，对于社群所能提供的价值，他们是认可的。而这个基础，也是我们完成序列式社群运营最后的引爆阶段的基本保障。在这个基础上，我们才可以进行后续的深化培育，在意向用户心里建立起足够的忠诚度，让更多社群用户从普通粉丝转化为我们的"铁粉"。

很显然，意向用户的忠诚度越高，就代表对我们越信任，其中包括对社群的信任和对运营者的信任，当然也包括对我们的产品或者项目的信任。实际上，真正到了"临门一脚"的时候，我们要做的工作反而更轻松了。因为在前面造势、蓄势阶段的运营过程里，我们已经做好了充分、完备的铺垫，已经把意向用户的欲望激发到了极致。后面我们要做的，就是按照既定的节奏，开放发售通道，实现最终的高转化率和高复购率，就是一个水到渠成的结果。

不过，这并不是说做完"发售"动作我们的社群运营就结束了。从某种意义上说，这应该是运营工作进入下一个阶段的开始。就像我们在本书开头所提到的，在社群运营的过程中，资源是更为宝贵的财富，要将其沉淀下来。当意向用户成为我们的正式用户后，我们仍然需要借助社群这个场景，为他们提供持续的价值。用户从我们这里得到的消费体验越好，他们对于产品以及品牌的忠诚度就会越高。对于快消品来说，这可以保证更高的复购率；对于一些耐用品来说，虽然不会出现短时间内的复购，但因为好的服务体验，用户进行转介绍的可能性更高，这些都是社群运营所能带来的增长。

另外，进入到这个阶段的人群，已经接受了我们前面的较为完整的系统化"培育"，他们与社群以及社群的发起人和运营者之间的黏性是很强的。对他们做好后续的维护，保持好稳固的信任关系，当我们以后组织其他活动时，他们的响应度、参与度，会远远高于新意向用户，这会有效降低我们做社群运营的成本。

所以说，对于序列式社群运营的引爆阶段，我们同样要做好策划，按照特定的流程，在当次活动收尾的同时，也要实现相应的资源沉淀。

8.1 引爆第一步：准备发售素材

进入引爆阶段，我们要把活动的核心内容展示给群里的意向用户，这就意味着我们要开放购买通道，为了配合后续的成交动作，我们要提前准备好这个阶段必需的一些素材。

1. 付款方式及相应通道

根据客户的消费习惯，我们需要提前设定好付款方式。是提供付款链接、直接加客服微信号转账，还是发收款二维码？如果产品的总价比较高，也可以采用先付定金再缴纳尾款的方式。具体的方式，要根据产品和项目的实际情况做调整，以方便用户操作为第一原则。

通常，我们要提前准备好以下几个付款通道。

（1）微信付款二维码。
（2）支付宝付款二维码。
（3）支持花呗（信用卡）支付的二维码。
（4）银行个人收款账号。
（5）银行对公收款账号。

2. 专属微信号

专属微信号是用来专门对接已付费客户的。

社群运营，做到精细化非常重要，尤其是针对已经付费的客户。他们通过社群和我们建立起了强信任的关系，要想稳固、强化我们之间的连接，更是需要有针对性地服务与跟进。所以，准备一个专属的微信号，对这部分人群进行一定的"区别对待"，很有必要。

（1）客户付费后，首先由群管以私信方式告知对方，将有专人（微信名以及身份）和他联系；

（2）通过专属微信号联系上付费客户后，告知对方后续交付事宜；

（3）客户拿到产品后，引导对方进入相应的售后服务群。

3. 发售文案

发售文案是指真正的成交文案：明确告知要推荐的是什么服务和项目、如何报名等。

在发售文案里，因为前面我们已经做过很多价值方面的塑造，所以此时的产品或者项目的介绍，一定要能和前面的价值塑造对应起来。这里尤其要注意的是，我们可以让最终价值高于之前塑造的价值，给意向用户更大的惊喜。但是一定不能出现最终价值低于之前塑造价值的情况，因为这会直接降低意向用户对我们的信任感，进而影响整个运营的效果。

关于发售文案里的价值塑造，可以参考附录A。

8.2 引爆第二步：让信息100%触达

在引爆阶段，我们同样要保证把我们的发售信息及时、全面地传达给我们的意向群体，以下几种信息发布途径，可以优先考虑：

- 群发私信通知促销活动；
- 将宣讲稿一对一私信给粉丝；
- 朋友圈提醒；
- 一对一跟进；
- 群公告；
- 打电话。

前面的章节中，我们已经讲到了让信息100%触达的操作方法，所以这里不再展开。

8.3 引爆第三步：序列式发售公告

通常情况下，到了开售这个时间节点，大部分人会直接开始叫卖：赶快来抢，机会难得……

这是最普通的方式，也是效果最差、最不明智的方式。因为每一个消费者都不喜欢被逼着做决定，一旦让他们感觉到你在催着他们付款，他们往往会下意识地产生"再想想、再想想……"的念头，这反而不利于他们做决定。

相比逼迫对方做出决定，让他们自我说服，是不是会把成交变得更自然？因此，我们需要做的，其实就是给他们提供更多的理由，帮助他们完成自我说服，让他们主动自发地来买。从另外一个角度来说，这种自发的行为，也能提高他们对产品以及品牌的认可度、忠诚度，毕竟，这是他们自己的选择。

在这个环节，我们作为社群运营者，要提前设计好相应的流程，去引导意向用户形成"自发行动"。比如，我们可以准备很多话题与潜在客户发生互动：恭喜占位成功、报名倒计时、疑问解答……

我们也可以在群里，向已经购买的客户发送欢迎语、抢购成功的证书、倒计时海报……所有这些信息，我们都以序列式公告的形式呈现出来，持续对潜在客户进行影响，帮助更多的人实现自我说服。

具体的序列式发售公告的设计，大家可以参照以下模板来进行。

公告1：发售倒计时提醒+成交主张塑造

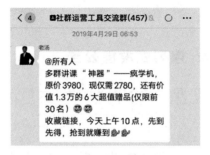

发售倒计时提醒

发售倒计时提醒

公告2：告知正常购买

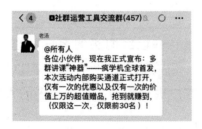

公告正常购买

公告 3：公布成交名单，引起从众心理

公布成交名单

公告 4：用长微信解答疑问

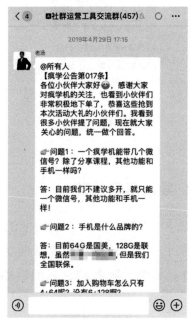

长微信答疑

公告 5：促销倒计时

根据成交进度，可以设置 3～5 次促销倒计时公告，发布时间点可以参考 24 小时倒计时、12 小时倒计时、8 小时倒计时、3 小时倒计时、1 小时倒计时。

促销倒计时

8.4　引爆第四步：导入后端社群

在序列式社群运营模式中，有一个营销型的社群矩阵，包括流量群（或者叫公益群、福利群）、转化群（或者叫惊喜群、活动群）和服务群（或者叫 VIP 群）。其中，服务群是我们后端的社群，在前面的一系列社群里所做的运营，都是围绕这个服务群进行组织的。而且，运营中的资源通常也是沉淀到后端服务群，我们在服务群里为用户进一步输出价值。

所以，我们做完发售后，还有很重要的一步要做，就是把所有客户导入到服务群，通过服务群对购买了产品的客户进行引导，让他们能够更好地使用我们的产品，享受产品给他们带来的价值，从而促进复购或者裂变。

在这个环节，大家可以参照以下步骤，有序执行。

1. 构建服务群

服务群与其他群不同，就好比转化群往往以活动为核心，我们以成功运营一次活动为中心来搭建转化群。但是，服务群的构建更强调"务虚"，要有系统的、精神层面的价值体系，这其中至少要有使命、愿景、价值观、社群口号、社群标识、会员编号这 6 个简单的要素。

这些要素看似无关紧要，但实际上都是保持、增强社群黏性的关键点。社群运营过程中，同样要有品牌建设的意识，一个社群能够在社群成员心中留下什么印象，不仅取决于社群输出了什么内容、聚集了什么样的人群，还取决于这个社群的"内在品质"。它们能够让购买了产品的客户真切地感受到社群的存在，同时可以让那些潜在客户感受到社群的存在，这有利于社群后续进行进一步的传播和裂变。

为了让我们所构建的服务群更加完善，能够充分满足客户的需要，除了要具备上面的 6 个要素之外，还可以参考第 5 章所讲到的构建社群的 7 个要素进行衡量。

2. 用专属微信号对客户进行统一管理

在服务群的运营中，我们要保证所有用户都能够得到更好的服务体验，为了便于和客户进行沟通，帮助客户有效地使用产品，从而将产品价值最大化，我们需要注册一个专属微信号对客户进行管理。通过这个专属微信号，借助朋友圈、微信群、一对一私信等方式对客户进行全方位的持续培育。

在我们的私塾班上，曾有一次针对用户运营这个话题的研讨，一位美容行业的企业家提到，他们的客户，不管是潜在客户还是已经付费的客户，都在客服的微信号上，而且是混合的。这其实就是没有进行精细化运营，弊端很明显，朋友圈里面发的一些信息，对于很多老客户来讲，是一些比较重复的资讯。时间长了，老客户自然会觉得乏味无趣，甚至不愿意被这种无效信息骚扰，这对品牌价值感、美誉度都会产生负面影响。

所以，我当时就建议他把所有付过费的客户全部加到他的专属微信号上进行统一维护。

3. 统一时间集体入群

如果成交一个客户就拉一个客户进群，那这个过程可能会显得有点零散冷清，没有仪式感。

要想让购买了产品的客户有更好的消费体验，就一定要在这个环节里增加他们的信心，让他们感觉到自己的选择是明智的，让他们看到我们的产品很受欢迎。所以，我们要在统一时间邀请成交客户入群。

4. 举行入群欢迎仪式

入群之后，要对新入群的客户举行一个欢迎仪式。这不仅可以让他们感受到社群的氛围,也可以让他们产生仪式感、存在感、归属感。当然,这个欢迎仪式的举行方式也很有讲究。

时间方面:
黄金时间点是晚上 8:00。

流程方面:
首先,安排一个主持人,把大家召集起来,发个红包欢迎一下。

其次,让新来的人做一个自我介绍。我们一定要提供模板,否则很多人的自我介绍会过于简单。

最后,要让老板出来讲讲话,比如说:"感谢大家的支持",再次表示欢迎。

5. 安排发货及产品使用培训等

对客户进行产品使用培训,可以让我们的产品价值得到充分体现,从而更好地解决客户的问题。同时,客户的消费体验提高了,就很容易产生复购。即便是对那些低频消费的产品,或者说复购率很低的产品来说,这也可以起到很好的口碑传播和裂变效果。

很多品牌方在做客户关系运营时,会把产品使用手册做成一个使用教程,在客户加微信之后,把教程链接发给客户就算完事了,没有任何的互动和沟通。这种做法其实并不能提高客户的消费体验,当然,做一个教程是很有必要的,但是怎么发教程是很有讲究的。

我们需要把教程里面的重点拿出来,单独给新来的客户讲一遍,增加他的印象。不然,我们这么随意一发,他往往也就是随意收藏,根本不会去看,如果使用产品时遇到问题,他还是会来找我们。而且,这时候来找我们的客户,可能已经心怀不满了,也可能潜意识里已经给我们的服务打了一个差评，这岂不是莫名其妙的损失吗？

8.5　引爆第五步：有步骤地解散群

社群运营是一个系统化的工程，每一个环节都会影响最终的效果，我们绝不能放过任何一个培育客户的机会，哪怕是在发售动作结束之后。

在过去的线下营销里，教练往往会反复告诉我们，拜访客户时即便遭到拒绝，在你离开客户办公室，转身关门那一刻也不能忘记做成交。当然，在当下的营销模式下，我们已经不需要像这样给自己和客户那么大的压力了，但是有一点不会改变：我们仍然要抓住一切机会，尽可能100%地把我们的成交主张传递给客户。

由于人们接收到的信息太多，加入的微信群也非常多，客户不一定能关注到我们的转化群活动，经常会有人在群将要解散的最后时刻才留意到我们的活动。这个时候，如果我们没有做最后的信息触达，那客户可能就这样流失掉了。结果是因为我们所有的信息都没有实现有效传达，导致他进入这个社群没有收获。

还有一种情况，就像生活里很多人都有拖延症一样，转化群里面的客户也是如此。有些客户往往不到最后时刻不会做出购买决策。也许当我们提出要解散转化群时，这部分客户才会产生紧迫感，想抓住最后的机会下单。实际上，在我们做过的大量测试中，确实有相当一部分客户一直拖延到这个时候才做出决定！

所以说，最后这个解散群的动作，也不能草率进行，因为这往往会对最终的转化率产生关键的影响。那么，我们到底该如何有步骤地解散群，才能够起到深化运营、促进转化的作用呢？

1. 标签没有成交的潜在客户

比起那些没有进入转化群的人，即便是这些最终没有成交的准客户，也是意愿更强的一群人。他们之所以当时没有购买产品，可能是出于很多原因，比如不了解产品的价值、不信任发售的人、对这次的成交主张不太感兴趣等。

因此，对于类似的有意向的群体，我们就很有必要对他们进行标签管理（具体方式可以参考《引爆微信群》第5章），方便后续进行进一步的影响和培育，等到下一次组织活动时，再把他们带入转化群，有了前面的基础，再次转化的可能性就要高很多。

2. 提前1～2天发公告通知群将要解散

解散群之前，需要通过一个公告引起转化群里用户的注意，并再留出一点时间，让那些没有来得及参与促销活动的潜在客户进行了解和决策。

各位小伙伴大家好，感谢大家来到本群，本群的使命已经完成，明天中午12点将正式解散。请想要了解本次优惠活动的小伙伴，抓紧时间，点击链接或者转账购买！解散之后，将不会再提供本次活动中的优惠。

发完这条公告之后，再把订购链接、优惠活动、购买方式或者收款的二维码等信息发到群里。

3. 解散倒计时

为了持续引起转化群里一部分客户的注意，我们需要做2～3次解散倒计时，时间上，可以选择间隔1小时、30分钟、10分钟这几个节点。

各位小伙伴大家好，距离本次活动群解散倒计时 1 小时，还没有购买的小伙伴，请抓紧时间，点击链接或者转账购买！

同时，每次倒计时都要把订购链接、优惠活动、购买方式或者收款的二维码发到群里。

4. 将没有成交的客户拉到流量群

有些客户可能是通过裂变来的，在解散转化群之前，要把这批客户加到我们的微信号上。如果他们在这次活动里没有购买，可以把他们拉到我们的流量群，后续在流量群里持续提供价值，做一些售前服务，让客户更加充分地了解我们，从而为下一次组织活动建立更强的信任基础。

5. 分批次解散转化群

做社群运营，一般是在发售活动结束之后，一次性就把 500 个人的群解散了。但是这样难免会出现一种情况：有些意向用户，会因此错过最后的转化机会。

为了避免类似的情况发生，我们可以分批次解散群。

在解散之前，先发一下我们的订购链接和购买方式，然后以每 50 个人或者是 100 个人为单位解散一次。

这样可以最大限度引起群里人的注意，同时，我们最后发的订购链接，即便是群解散之后，被移出群聊的人也能够看到，这就可以利用最后的机会，把我们的信息触达给有意向的客户。

通过以上 5 个步骤，我们就把最后一个简单的解散动作，变成了整个社群运营过程里必不可少的一个信息传达动作，在最后时刻，把我们的成交主张传递给更多的潜在客户。

第9章 CHAPTER

综合实战案例：《引爆微信群》发售流程全解

2018年5月，汇聚了我10 000小时微信群一线运营精髓的著作《引爆微信群》正式出版。在这本书的发售过程中，我举办了一场线上的新书发布会。这次新书发布会从运营到发售的整个流程，可以说是一次周密的、系统化的序列式社群运营实操，并且战果斐然！

最初，《引爆微信群》这本书在京东新书榜默默无闻。然而，在我们以社群模式组织线上新书发布会并完成发售的当晚，它就迅速跃居京东新书榜前列！这次线上新书发布会的落脚点是京东平台。整个活动从运营到发售的全流程，对于很多电商运营者来说也是极具参考价值的。

这次活动的成功，正是依赖于一整套有策划、有逻辑、有步骤的序列式社群运营流程。针对这次的运营流程，我将从以下5个方面为大家进行拆解：

（1）在造势阶段引发关注；
（2）邀约及进群的策略；
（3）用序列式公告让粉丝保持关注；
（4）活动中的价值塑造；
（5）成交主张的设计。

9.1 在造势阶段引发关注

新书上市之前，大家对书里的内容是陌生的，他们只能从书名以及一些简单的介绍中了解这本书的信息。组织线上发布会，就是为了让更多人认可书的价值。如果他们可以在发布会前了解更多关于书的信息，知道这本书能够对他们起到什么作用，知道这本书怎么使用才更有价值，那他们对发布会的关注度就会更高。

（1）新书的目录、书中的经典语句、内容的概要，这些对读者来说都充满着诱惑力；

（2）作者的介绍、行业大咖的推荐语都是很好的背书，可让读者对书中的内容深信不疑；

（3）其他读者的阅读感悟，比作者的介绍更有说服力。毕竟，从作者自己嘴里说出来的话，难免会有"自卖自夸"的嫌疑，而同样的话从读者嘴里说出来，就是有力的客户见证。

类似的对内容方面的披露，我们在造势阶段准备了很多，比如新书目录、金句、章节精彩片段、本书学习方法、实战案例模板、朋友圈案例、作者简介、大咖推荐语、本书特色等。

要点解析：选择诸如大咖推荐、官方公众号推文等方式，是为了更好地获得信任背书。而除此之外的很多素材，更多的是来自于书（产品）本身，比如金句、模板、学习笔记等。取之于书，用之于书。这些素材能够让参加活动的人提前感知到书的价值与意义。

有了好的内容和素材，也要有好的分发渠道与之相配合，才能达到我们预期的造势效果。只有把这些素材传播出去，它们才能够产生价值和影响力。否则，就只是储存在电脑和手机里的一堆素材而已。

除了自有的微信群、朋友圈，我们还规划了联盟的宣发渠道，比如联合出品人的微信好友、朋友圈，我们的铁杆会员，以及联盟的社群等。借助一切可以共享的资源，实现影响力的扩散。在这次活动中，我们整整梳理了 14 个宣发渠道。

- 联合出品人；
- 签售会；
- 公众号；
- 作者私人微信；
- 草根大咖推荐；
- 企业团购；
- 与企业联合开办签售答谢会；
- 精壹门官方头条号；
- 以出版社名义邀请知名作者联合赋能推荐；
- 授权精壹门私董会员通过千聊、喜马拉雅等平台做知识付费发布；
- 《引爆微信群》线上首发仪式；
- 授权合伙人开办"《引爆微信群》特别训练班"；
- 精壹门铁杆会员；
- 社群联盟单位。

要点解析：在活动造势与宣传过程中，一定要设计好借势的环节。撬动一切可以借力的资源，帮助扩大活动的影响力。自己的内部渠道，因为有更好的信任背书,所以活动效果会好一些。外部渠道的精准度虽然会低一些,但是能够放大活动效果,吸引新的流量加入,所以也是不可或缺的。

9.2 邀约及进群的策略

组织一次活动,并不是参加的人越多越好,我们需要的是精准的意向用户。如果他们对产品有兴趣、有需求,那么通过活动实现转化的可能性就更高。在邀约阶段,通过设置一定的门槛,筛选出相对精准的群体来参加活动,这是一个很重要的环节。

在这次线上发布会的邀约阶段,我们让对方做了一个简单的动作——打赏0.1元进群观摩。

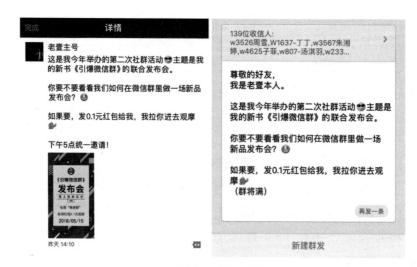

精准邀约,精细备注

要点解析:

● 通知活动时,并不是要覆盖所有人。首先通过微信好友的标签,

第9章 综合实战案例:《引爆微信群》发售流程全解

判断对方是否是精准的潜在书友(客户)。

- 通知的时候,针对不同标签的微友,要对话术做针对性调整。切记不要千篇一律地群发通知,哪怕针对不同标签的微友,简单调整一下前面打招呼的客套话也好。
- 最好设置一个筛选参与者的门槛,根据活动的目的调整门槛的高低。如果是为了造势,需要更多人参加,那么门槛可以低一点;如果是为了成交,客户群体越精准越好,那么门槛可以高一点。
- 打赏0.1元也好,回复一个关键词"我要参加"也好,它们都是简单的筛选,同时也是提前的小互动。在你来我往的过程中,一点点地提升彼此之间的信任。记住一句话:互动产生信任、信任产生点击、点击产生购买。

在这个环节中要注意一点:对于做出回复的意向用户,要集中在某个时间统一拉进活动群,不要回复一个拉一个。

本次活动中,我们在5月15日上午把带标签的意向用户统一拉进活动群,一天时间内,就组织了12个活动群。

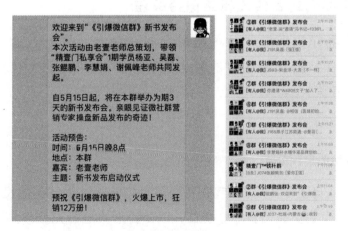

定时邀约,集中引爆

要点解析：

（1）邀约有一个时间过程，进群有一个时间过程，活动开始有一个时间过程……如果有一个人报名参加，就当场邀约进群，那么整个活动前期的场面就是，群内零零散散地进人，早早进群的人在苦苦等待。这样一来，为整个活动所营造的氛围就没了。氛围没了，活动效果势必受到影响。

（2）在线上，人们的注意力很容易被分散，所以组织活动的时候，我们可以先告诉对方"我为您备注好，××时间将建立活动群，届时会统一邀请您，请留意邀请通知"。等报名人数达到一定规模后，统一建群邀约。这样一来，有几大好处：

- 参加的人能感觉到活动是有节奏的，显得很规范、很正式；
- 建群的时候，短时间内会有大量的人进群，有一种活动很火爆的感觉，提高用户对活动的期待；
- 不会让前期报名的人在群里等待太长时间，这样大家的注意力、新鲜感能够被很好地保持住。

9.3 用序列式公告让粉丝保持关注

从造势开始，直到发布会活动正式举行，这个过程中，让用户对活动保持持续关注，是保证活动到场率的基础。在这个方面，《引爆微信群》线上发布会在活动的4个主要节点上发布了序列式公告。

1. 活动信息预公告

5月14日上午10点，我在各个群里打响了这场营销战役的"第一枪"：在各个会员微信群、QQ群，以公告形式进行充分预热。

第 9 章　综合实战案例：《引爆微信群》发售流程全解

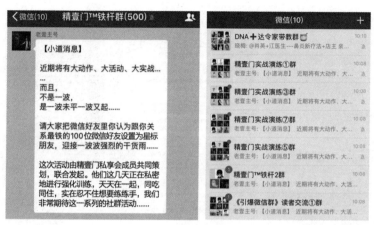

全渠道造势分发

要点解析：

在第一次通知里，我并没有告知活动的具体细节，而只是告知即将有重大活动，引起期待。在发布其他活动时，也可以参考这种方法，不要直接公布，而是通过一些小动作，先激发出潜在客户的好奇心。有多种具体操作方法可以选择，比如：

- 可以在朋友圈发一张活动倒计时的宣传海报（海报文案：即将有大事发生、惊喜倒计时 × 天等）；
- 可以在微信群发一个类似的群公告，在文字里充分塑造期待感；
- 可以简单地在群里发一个红包，红包文案上写着"下午 × 点有重大活动通知"。

2.活动信息正式公告

5 月 14 日下午，开始通过朋友圈、微信群，以及私信群发等方式，向所有人公布这次盛大的线上活动。

除了自有的渠道（个人微信朋友圈、会员微信群）之外，本书的 50 多位联合出品人也成为本次活动的宣传主力。

联合出品人共同赋能

要点解析：

（1）联合出品人是书籍正式出版之前招募的"赞助人"。对于他们来说，可以通过"联合出品人"获得名誉背书；对于书籍来说，可以得到一批忠实的"宣传大使"。因为他们是联合出品人，所以在书籍正式出版之后，他们会不遗余力地进行推荐。

（2）在线上发布会上，联合出品人录制见证小视频，也算是一个小亮点，让整个活动充满更多色彩。对于参与活动的人来说，看到有这么多来自各行各业的人为本书站台，能够极大地积累活动的势能。

（3）可以参考联合出品人的方法，在组织活动时寻找一些联合主办方。哪怕是一次社群团购秒杀活动，"××品牌的活动"与"××5家企业联合筹办的活动"在势能上也完全不是一个量级的。

3. 活动群倒计时公告

为了保证微友们晚上的出场率，白天在12个微信群里按照计划有节奏地通知。

2、课前预热
- 下午7点开始热群
  - 发布群公告：
    - 倒计时：60分钟
  - 发布红包倒计时：2块钱红包，20份
- 下午7点15开始预热
  - 发布群公告：
    - 倒计时：45分钟
  - 发布红包倒计时：2块钱红包，20份
- 下午7点30开始预热
  - 发布群公告：
    - 倒计时：30分钟
  - 发布红包倒计时：2块钱红包，20份
- 下午7点45开始预热
  - 发布群公告：
    - 倒计时：15分钟
  - 发布红包倒计时：2块钱红包，20份
  - 文字签到：在的伙伴请文字签到：《引爆微信群》，引爆你的微信群
- 下午7点55开始预热
  - 发布群公告：
    - 倒计时：5分钟
  - 红包签到：2块钱红包，20份
  - 红包签到：2块钱红包，40份
  - 红包签到：2块钱红包，50份
  - 文字签到：
    - 在的伙伴请文字签到：《引爆微信群》，引爆你的微信群

活动倒计时现场

要点解析：

（1）白天冷冷清清，晚上直接在群里发布活动，这是线上活动的一个大忌。

（2）倒计时的主要目的是充分告知活动信息，提高活动的到场率。

（3）活动倒计时的预告方式多种多样，比如：

- 群公告倒计时。在群公告里写上"距离今晚的活动还有×个小时，今晚活动上……"，一般是"倒计时时间＋活动内容的简单预告"的结构。

- 红包倒计时。红包是目前激活群最有效的手段之一，可以在红包上写上倒计时的时间，需要注意的是，目前红包上只有前10个字可以显示。

- 修改群名称。修改群名称也有多种方法，普通方法是在群名称

前面加上一个前缀，比如"倒计时 2 小时 | ×× 发布会"，有趣味的方法是直接把群名称改为"你已被移出群聊""你有一个红包未领取"。有趣味的玩法有一定的娱乐作用，可以有效地调动群内氛围，但是玩过一次之后，一定要尽快改回原来的群名称，以免群友对群主题产生误解。

4. 活动开场预热互动

晚上的活动开始之前，进行红包签到、文字签到，进一步营造活动的仪式感。签到的口令可以是简单地回复一个固定的数字，也可以是一句设计好的宣传短句（宣传语要和主题有关），后者经过大量的复制，可以把活动理念更深地植入参与者的大脑中。

用宣传短句进行预热

要点解析：

（1）开场签到是线上活动的必备环节之一，主要目的是尽可能地把所有参与者的注意力吸引过来。

（2）开场签到有多种方式可选。比如：

- 发签到红包。通过红包领取的情况，判断有多少人在场。利用多个红包，顺便把潜水的群友吸引出来。多个签到红包的份数，一般从少到多逐步提升，根据前一份红包的领取速度，确定下一份红包的份数；
- 文字签到。可以让在场的回复"1"，刷鲜花或者鼓掌。这是最常用的方法，好处是操作简单；
- 口号复制签到。由主持人发出一段口号，借此进一步宣传活动的主题，比如本次活动中的签到口号是"用《引爆微信群》，引爆你的微信群"。

签到完毕后，在线成员的注意力已经集中到了这场活动上，但这时候如果直接让主讲老师出场，效果并不好。在活动正式开始之前，各群可以安排主持人对活动进行简单的介绍，引导正式分享嘉宾上台，这可以把社群氛围"炒"得更热一些。

要点解析：

（1）对于一场正式的活动，专门的主持人是一个必不可少的岗位配置。主持人的表现会直接影响最终活动的效果。

（2）主持人要负责的事情有很多，比如：

- 开场前的主持和预热。需要把群内的氛围调动起来，通过各种互动，把潜水的群友激活，把群友的注意力从其他地方吸引过来；
- 分享嘉宾上台前的塑造。在嘉宾登台之前介绍嘉宾的身份，塑造嘉宾的权威性和影响力，提前建立群友对分享嘉宾的信赖感。
- 活动全局的控场。控制好整个活动的节奏，不能太快，以免群友来不及理解活动信息；不能太慢，时刻保持活动的吸引力与价值感，以免群友的注意力被其他事情转移。
- 活动最后的总结。对任何一场活动而言，最后的总结必不可少。因为难免有一些微友没有全程参与，或者未能留意活动的某些重点细节，此时就需要主持人在活动的最后，把活动中最重要的几点重新为群友梳理一遍。

9.4 活动中的价值塑造

在造势阶段的信息披露中，我们已经对新书的价值做了展示。发布会正式开始后，就要从价值层面给参与活动的人"兑现"，让他们进一步认可新书的价值，这也是促成高转化率的关键一步。

这个环节里，《引爆微信群》线上发布会中有两个主要动作：

1. 作者讲解

5月15日晚8点，《引爆微信群》线上发布会第一场正式开启，针对新书，我从多个角度进行了详细介绍：

- 本书的写作历程（活动由来）。
- 如何更好地阅读这本书（产品价值）。
- 京东直营订单，好评领5元现金红包（活动福利）。
- 买书后，免费进读者群（活动承接）。

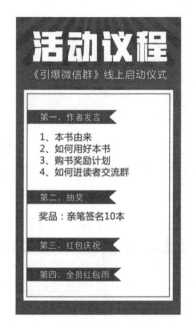

线上启动仪式议程

要点解析：

（1）在线上活动开始时，需要由主持人或正式分享嘉宾向参会者介绍活动的整体议程，以便他们对活动有一个全局的认识，让他们基于议程，更好地理解整个活动，并保持对后续环节的期待。

（2）如果是一场促销或者成交活动，那么分享嘉宾需要提前准备"销讲稿"。传统电商的方法更偏向于理科，只要活动促销的折扣足够低，活动力度足够大，那么一切就完成了。但是线上微信群促销与传统电商促销不一样，线上的方法更偏向于文科，除了活动力度要足够有吸引力，活动呈现的方式还要足够打动人心。如何进行产品的价值塑造？如何通过活动名额的稀缺性进行激励？分享嘉宾的介绍是否足够有感染力？这些都会直接影响线上活动的最终效果。

2. 联合发布

5月16日是线上启动仪式的第二天。在这一天，被邀请参加发布会的4位联合组织者，分别针对《引爆微信群》这本书分享了自己的感悟与收获。

5月17日是线上启动仪式的第三天，4位联合出品人代表分享了自己的体悟。每一位联合出品人都是有身份、有背书的人。联合出品人推荐新书，进一步为本书赋能。

联合出品人发表感言

要点解析：

（1）一场活动，如果只有活动方自己在介绍，很容易给人一种自卖自夸的感觉。如果同样的话从其他人嘴里说出来，那就是客户见证，这是有本质区别的。

（2）组织一场活动，最好寻找一些联合发起人，这样，活动内容会更加丰富多样。

9.5 成交主张的设计

为了提升活动效果，我们设计了好评领红包、联合购书、免费赠书等多重成交主张。在不同的时间节点，有序地推出。

第一波：前 1000 名在朋友圈晒京东好评的伙伴，凭截图加作者微信，可获现金奖励 5 元；

第二波：进入《引爆微信群》读者专属群；

第三波：加入精壹门会员送《引爆微信群》；

第四波：联合推荐《社群运营》+《引爆微信群》= 社群理念 + 社群在微信上的应用，双剑合璧；左手《社群运营》+ 右手《引爆微信群》；

第五波：联合推荐《引爆微信群》+《我是微商》：我是微商，我来引爆微信群。

这些成交主张都在后续的活动过程中起到了助推器的作用，把最终的转化结果推向了高点！

而且，这些主张的设计也都是各有深意的。比如说第一波中，要求加作者微信并发好评截图，免费领红包，就起到了一箭三雕的效果：

首先，读者要晒好评，在公域流量的平台上（京东）为新书增加曝光；

其次，要加作者微信号，把精准的潜在客户导入到了私域流量；

最后，免费领取红包奖励。投入的成本不高，但是与读者发生了一次友好的互动，增强了彼此之间的信任。后续组织读者活动的时候，他们的积极性会更高。

而诸如联合推荐等主张，更是起到了互相赋能的作用，起到1+1大于2的效果。

要点解析：主张的设计，有时候并不一定要有多吸引人，而一定要给潜在客户一个订购的理由。从用户角度考虑，往往能够更好地设计出对活动促销有正面促进意义的主张。

除此之外，在活动进行过程中，我们还设计了专门的红包抽奖环节，这也是一种有效提高现场转化率的方式。

要点解析：

（1）抽奖是看似"最俗套"，但是"最有效果"的活跃群氛围的方式之一。也许奖品的价值有限，一本书只有几十块钱，但是参与者享受的是一种中奖的喜悦。

（2）抽奖的礼品，最好与活动有直接相关性。这样一来，抽奖可以作为一种顺其自然地把产品引出来的方式。未能抢到福利的伙伴，如果感到失落，可以自行订购。为了活跃氛围，可以给出特别福利，比如抢红包，手气最佳的人可以免费获得礼品，其他人可以凭借领到的红包壳子，找客服享受特别优惠。

（3）抽奖的时间，建议植入到活动之间的重要时间段。比如活动分为3个环节，那么就在每个环节过渡的时候设置抽奖。这样一来，不但可以让想要获得礼品的参与者一直关注群活动，而且在每个一小环节之间，还能再次调动群氛围，制造一个又一个小高潮。

通过上面这一系列的环节，我们让活动参与者对本书有了一个深刻的认知。几乎所有对微信群营销感兴趣的人，都通过推荐渠道进行了购买。也正是这一波活动，把本书推上了京东新书销售排行榜。

收官阶段，我们用一次线下签售会延续了前面的一系列发售流程，为整个新书发布画上了一个圆满的句号。

为了庆祝新书的正式发售，2018年5月26日，我们在杭州钱塘江畔举办了《引爆微信群》第一次线下签售会。

新书线下发布会

线上，3天、12个微信群、5000余人参与；线下，汇聚多家媒体。至此，《引爆微信群》的线上、线下发布会均取得圆满成功！

附录A APPENDIX

如何写出高转化率的发售宣讲稿

一篇优秀的发售宣讲稿能在很大程度上为最终的结果提供保障。就像我们在前文里提到的,那些著名品牌的发布会,背后都有一套能够刺激购买、引发疯抢的宣讲逻辑。在这里,我给大家分享一套专业级的宣讲稿撰写模板,按照这套模板去套用、练习,你也能写出引发疯抢的宣讲稿。

在这套模板里,我们把整个发售宣讲稿分成5个部分:

- 利益吸引
- 真实见证
- 价值包装
- 提出主张

● 督促行动

下面，我们就分别来看看这 5 个部分该怎么设计。

第一部分：利益吸引

主讲人出场要做的第一件事情是什么？就是调动现场所有人的注意力和热情，甚至是激情。那什么话题能达到这种效果？

直接给好处，这是最简单直接的方式！毕竟大家都已经到了"现场"，先拿到一定的好处，就代表着这次不会空手而归了，他们自然会对后面的过程抱有更大的期待。

这部分内容，又可以拆分成 3 个环节。

（1）表示欢迎

下面这 3 组欢迎词范例，可以直接套用或改用。

范例 1：欢迎大家来到 ××× 活动现场！
范例 2：感谢大家的信任和支持，我们今晚的活动正式开始！
范例 3：大家期待了 × 天的 ××× 活动，现在开始，欢迎大家的到来！

（2）活动主题

表示欢迎之后，要立刻进入对活动主题的描述，这里要讲清楚两个关键信息。

第一，为什么要组织这次活动？

范例 1：经过 ×× 年的研发，×× 新品要上市了，为了回馈老用户，我们特意组织了这次 ×× 活动。

范例 2：×××已经成立××年了，今天是我们的××周年庆典，这次××活动就要为新老客户们提供一次×××的机会。

第二，这次活动的规模和力度有多大？

范例 1：为此，我们将至少给到大家 10 万元的让利额度！

范例 2：所有来到现场的朋友，都有机会参与瓜分价值 10 万元的奖品！

（3）活动意义

这里的意义是指对于现场参与人员的意义，也就是说，对于他们而言，到底有什么好处呢？注意，这里的"好处"不是前面所说的礼物、奖品之类的，而是这次活动能够带给他们的好处。活动意义的塑造可以从以下 4 个角度进行。

1）解决问题。这次活动能够解决他们当下存在的某些问题。

范例：如果你在×××方面，有×××问题，那今天活动里的×××环节，一定能解决你的问题，让你实现×××。

2）机会难得。这次活动只有一部分人能够得到某种收获。

范例：这次活动里，只有××个朋友有机会得到×××，所以你一定要集中注意力，千万不要错过！

3）门槛资格。这次活动，只有符合特定条件的人可以得到某种收获。

范例：本次活动，只有满足×××的朋友，可以得到×××！

4）省钱（或者节省其他类型的成本）。这次活动，可以让参与者省多少钱（最好是具体的数额），或者是某种程度的省事、省时间等。

第二部分：真实见证

开场时把收益摆出来之后，我们只是达到了吸引他们的注意力的效果，还要让他们确信我们所说的收益是真实的才可以！

要实现这一点，真实的见证就是一种极为有效的方式，而见证的具体呈现方式，可以是图文或者小视频。至于具体见证的表达，可以参考下面这几组公式。

公式1：人物背景+使用产品+发生改变

公式2：人物背景+不信任产品+尝试产品+发生改变

公式3：人物背景+和产品的关系（比如会员身份等）+对产品的肯定

公式4：人物背景+使用产品中的困扰（错误的使用方式）+发生改变（正确的使用方式）

公式5：人物背景+使用产品前后的不同感受

公式6：人物背景+从来不推荐类似产品+使用本产品的感受

第三部分：价值包装

做完真实见证后，我们就初步建立起了意向用户对产品的信任，接下来，我们就需要去正面塑造产品的价值，让他们意识到这个产品是超值的。

为什么要说"超值"？

在这个环节最容易出现的问题就是：意向用户往往会更关注产品的价格而不是价值！如果我们和意向用户开始打价格战，在价格问题上纠缠，那基本就可以宣告这次活动失败！所以，在塑造产品价值的过程中，我们一定要有相应的包装技巧，通过对价值的包装，让意向用户产生超值的感觉，而不是纠缠于价格问题。

具体的价值包装，可以通过下面这3个步骤完成。

（1）对比

单独介绍某种产品的价值，往往很难让意向用户产生直观的印象，对比的方式可以让价值体现得更为直接。

比如，我们说某款软件功能多么好、多么强大，价格仅为999元，非常超值。这时候，意向用户很难判断999元到底是贵还是便宜。

如果我们用另外一款同类的知名软件来对比：它和×××软件的功能几乎完全一样，而×××软件要3999元！

这时候，他们就很容易判断到底是不是超值了。

（2）支撑

用对比的方式在意向客户脑海里形成一个超值的第一印象，但是要注意，这个意向是我们"放"进去的，它并不稳定。我们还需要为这种超值的印象找到一个甚至多个支撑点，让这个印象稳定下来。

比如上面的例子，客户听完之后很有可能会产生疑问，既然功能差不多，为什么价格差这么多？或者，价格差这么多，功能真能一样吗？

这时候，就需要我们利用支撑点去消除他们的疑问，比如：

我们这款软件的研发团队，带头的设计者来自于×××机构或者有过某些光鲜的履历，因为这款软件刚推出，为了先争取一部分用户，所以才有现在这个价格。

（3）证明

支撑点可以稳固产品超值的第一印象，但还不够，因为前面两步所传达的信息都是偏理性的，往往是数据和指标之类的，所以我们还需要再做一个动作，用感性信息去对前面两步做出进一步的证明。

要传递"感性"信息，"讲故事"自然就是一种最容易被接受的方式，比如我们可以接着讲一下研发团队是怎么辛苦加班、攻克技术难关的，或者做了多少市场调研，中间发生了什么事情、曲折等。

第四部分：提出主张

产品价值包装完之后，就是我们提出主张、引导成交的时候了。

在这个环节，报价的时候一定要注意：直接报出底价是最大的忌讳！更好的报价方式是：降价理由 + 逐级报价 + 其他权益 + 超级赠品，这样才能让意向客户们感受到持续不断的惊喜。

1）**降价理由**：你要告诉对方，为什么这次会降价，为你接下来的报价做铺垫。

2）**逐级报价**：在电视购物中经常出现逐级降价的报价方式，这能够让人有一种不断获得惊喜的感觉。

3）**其他权益**：通过逐级报价，报出最终优惠价格的时候，意向客户们的内心已经有了强烈的超值感，这时再将更多的权益抛出来，他们的欲望会再次被引爆。另外，在描述权益时，最好用直观的金钱数字来表达，让他们可以直接判断出这个权益有多"值钱"。

4）**超级赠品**：经过逐级报价和各种权益的冲击，意向客户的冲动购买心理已经基本形成，这时候，如果再有赠品来加持，那这种冲动就很容易演变成最后的"疯抢"。

当然，在提出赠品时，我们也要进行相应的塑造，尽量把它们变成意向客户心里的"超级赠品"。在对赠品价值进行塑造时，可以参照一个公式：产品名称 + 产品价格 + 一句话介绍 + 使用体验。

范例：

×××微波炉

价值×××元

多功能、全自动化模式，除了开关门，你什么都不用管

下班累了不想做饭？熬夜晚了来点夜宵？都交给它就行了

第五部分：督促行动

在我们亮出前面这些"筹码"之后，有很多意向用户已经开始行动了，但是，现场也一定存在仍然在犹豫的意向用户。我们要做的，就是督促这部分人，让他们迅速做出决定，完成购买行动。

在督促时，可以强调前面的价格优惠、其他权益、超级赠品等，比如某个时限内，或者多少个名额内才可以享受到优惠权益，一旦错过，就只能原价购买，或者要损失多少等。

宣讲稿设计流程

附录B APPENDIX

联合出品人名录

序号	联合出品人	简介	微信号
1	王挺	初心会创始人,众创模式开创者,央视《实战商学院》创业导师	flyflyflyfree
2	小舞	瘾疯潮社群电商平台创始人、抖音直播带货钻石联盟发起人、精壹门私董老汤老师助理	2680624323
3	玄武(Jacky)	蜗牛翰林院创办人,职业营销人与职业产品人 专注于赋能企业顶层商业框架设计、商战落地内训,视商研学。以打造中国商战社群为已任,赋能营销人	woniuhly8889
4	白泽(Stella)	蜗牛翰林院联合创办人,职业营销人与职业产品人,企业运营实操赋能者 为企业做商业落地内训,视商研学。以打造中国商战社群为已任,赋能营销人	woniuhly0319

（续）

序号	联合出品人	简介	微信号
5	郑士武（花名：十五）	职业销售私教，原阿里铁军军校副校长，酵母商学院管理培训顾问 在阿里巴巴8年间，带出2名全国销售冠军，培训了5535名铁军销售员	25442263
6	丁京玲（小媚）	国家认证社群运营官，上海京茗科技有限公司创始人，东方马尔代夫惠州幸福之旅社群发起人。文旅短视频直播社群S2B2C联盟发起人，专注文旅行业11年	1652574385
7	邵馨彦（遥遥）	黑科技智能营销专家，微赢客营销手机品牌创始人，原微小V营销手机品牌创始人，畅销书《引爆微信群》联合出品人，中国资深社群实战专家老壹第14弟子	949526
8	红娘	红娘社群创始人，国家认证社群管理师，精壹门社群联盟合伙人，多家企业特聘社群顾问，社群爆款知识付费《社群掘金术》主讲人	549463237
9	张茜	国家一级公共营养师，营养师创业规划导师，山西起长点食品科技有限公司创始人	645371796
10	郭大侠	"强心武道"掌门，传习"武道养身功"20余载	QQ3252721956
11	张海波	鹰潭铁路火车大机司机，中医养生研习者	249417527
12	杜承恩（进步哥）	微悢文化董事长，玄觅贸易总经理，国内22家顶级社群顶级VIP会员	duchengen113
13	曹霞飞	国家二级心理咨询师，中级心理健康辅导员，沙盘治疗师，社交电商创业导师，爱商家园社群创始人，《爱商-爱的感受、智慧与能力》作者	512388535
14	倪秀娟	58优快保合伙人，浙江省高级经济师，浙江省高级工程师，浙江省重点办评标专家，33年资深建筑行业从业者，浙江汇宇建设有限公司办公室主任兼技术总工	657069583
15	毕博	社群运营操盘专家，天津OTC挂牌企业"博峰培训"创始人，中国式家庭教育平台"八极家道"联合创始人，中国社群营销大会联合发起人、大会执委，擅长社群架构搭建与成交	bibo216183
16	读心大叔	数字读心创富导师，共好密码创富学院创始人，专注读心术8年，以朋友圈+社群的运营方式培养数字读心咨询师1300余人	568774627

附录 B　联合出品人名录

（续）

序号	联合出品人	简介	微信号
17	李文芳	女装品牌区域运营专家，23年资深女装行业经营者，新疆乌鲁木齐服装商会常务理事，新疆丰尚伟业商贸有限公司总经理	LWF0991199
18	刘美驿	知名声乐培训导师，绿洲艺术学院董事长，"说好话唱好歌"训练营创始人，黑龙江声乐大赛美声组一等奖获得者 为中央音乐学院、中国音乐学院、上海音乐学院等国家高级院校输送学生1300多名	332492640
19	李东飞	百力倍康核心创始人 用基因科技为1亿新人实现精准医疗家庭化	li911279507
20	叶溦泱	玉秀农场法人代表，精壹门私董会私董，杭州领点科技有限公司董事	yeweiyang2007
21	魏星	大数据实战专家 12年互联网推广运营经验，直播间人气运营操盘手	146111
22	魏增光	BOSS财商创始人，月流水20亿支付行业操盘手，注意力训练师，畅销书《引爆微信群》联合出品人	18653138419
23	流年小筑	笔尖上的舞者，小筑微文案创始人，小筑微文库创始人 专注微文案培训5年+，培训学员10万+，致力于帮助更多伙伴实现"以文为马，财智人生"	452777248
24	王常	浙江汉金投资管理有限公司董事长，杭州股盛网络科技股份有限公司董事长，浙江省浙商投资研究会执行会长，股神®商学研究院院长。 "善商"理念倡导者，"公益性创投"提出者，擅长价值投资、企业战略管理、企业营销体系创新策划及企业资本运作策划	ecapital01
25	妙果	教育产业众创联盟社群联合创始人，第一个在村里办培训机构的大学生。 此生唯愿：老者安之，朋友信之，少者怀之	564475354
26	李东	企业商业模式顶层设计师，深圳旺觅商业数据有限公司董事长，重庆有车云电子商务有限责任公司广东区域总经理	yc685731
27	彭中凤	全面健康管理师，十年健康管理老兵，爱道养生方法论创立者，健康家族俱乐部创办人 始终坚持"分享健康，分享爱"	9514507

（续）

序号	联合出品人	简介	微信号
28	李春霞	玩图视创始人，短视频赋能师，果上随缘陪练团发起人。 10年平面广告设计师，5年设计教学经验，培训学员1万+；专注优质视频创作，助力100万人通过视频1秒抓住人心	v1918650518
29	陈云	实体店老板娘，社群轻创业导师，共享学习社群创始人，个人品牌实践顾问 社群践行者，轻创业导师	xxyt3925
30	网络牧羊人巍叔	新疆智慧新农人Top10，家庭消费产业联盟天使发起人，掌上牧场科技有限公司董事长 中国资深社群实战专家老壹的第29名弟子，在阿勒泰高山牧场放羊	lv720404
31	浩天	中国婚礼人社群营销专家、百万主持讲师社群联盟掌门人、中小企业家各类演说私人订制教练、原创主持型独角兽销售课《五步成神》 一直专注各类主持以及销讲讲师职业技能培训15年，帮助全网10000余名主持讲师学员成就舞台梦想	626387875
32	王九山	百度霸屏新媒体人，有12年的百度霸屏营销经验，著有《微商引流爆粉实战手册》及《百度霸屏·全网营销》等畅销书籍。 擅长引流策划和互联网整合营销的推广布局、全网包装品牌IP打造、百度霸屏营销等，联合主办80多次社交电商新零售行业大会、影响2000万人以上	876193
33	黑马王爷	亚太社交电商联盟盟主，环球生活集团董事长，享瘦享美俱乐部创始人，@国际社交电商顶层元老 操盘业绩超过100亿+，擅长战略顶层设计	jamesma05
34	强哥	杭州工程机械配件协会理事长，北华大学特聘创业就业指导教师，杭州东骏工程机械有限公司总经理。 从事工程机械事业15年，工程机械行业第一大社群（会员30余万）发起人，工程机械自媒体《强哥说机械》（7万余人关注）创始人	277154365
35	言吾	千客酒店联合创始人，社群打造顾问，见行社创始人，中国社群众创联盟合伙人	yanwu015

（续）

序号	联合出品人	简介	微信号
36	周小姐（周金枝）	海南喜禾农场创始人，海南儋州市妇联副主席。80后新农人，遵循自然和注重生态，关心农业、农村、农民。其创办的喜禾农场社群采用F2b2c模式，从零开始1年吸粉10万+。从农场直达舌尖，为中国百万会员家庭提供健康的生活方式。	56658398
37	晨曦（陈曦）	喜禾农场社群运营官，企业商学院架构师，香港光华管理学院特聘讲师 愈十年资深教育行业从业者，高级演讲教练，社群运营老兵	248380320
38	胡丽梅	实体化妆品经营者，MPF舞团创始人 专注化妆品行业13年，爱舞蹈、爱生活、爱事业，泥泞里铸造的新浙商	540284705
39	郭帅兵	股权策划咨询师，工信部认证移动营销师 面对面辅导过1000多位企业家，解决因合伙人股权分配、股权激励等股权方面带来的困扰	272343121
40	陈森意（网名：温州森意人）	新礼商社群创始人，昆明电子商务协会常务理事，中国社群营销大会联合发起人，温州新礼商网络科技有限公司总裁，专注于礼赠供应链和社群电商平台运营及工具赋能	n67355

后记 | POSTSCRIPT

精一精进，用社群创造价值

我从 2012 年开始接触微信营销，如今在社群运营领域，已经形成一套自己的方法论。这 8 年时间，是一段专注精进的时期，也是一个厚积薄发的过程。

回望自己的成长历程，中间也走过一些弯路，浪费过不少的时间和精力，幸运的是，我在一个正确的方向上，选择了正确的坚持方式。从认识社群到社群营销，再到社群运营，我对社群的认识一直在不断更新迭代，也正是"精一"之道，让我走到了今天，有了现在的收获和成就。

我的本名叫尹振豪，来自于云南的一个偏远农村，生于 1978 年。1999 年，我考上云南民族大学，学的是经济学，选修市场营销。大学期间，我看完了大多数营销大师的经典营销书籍，走上营销工作岗位后，又接触了国内众多营销大师的课程，与其中多位大师有过合作，有的现在还在合作。

这些营销知识和经历构成了我最初的营销底层逻辑，但也是这些营销理论，一度禁锢了我的营销思维，限制了我的想象。

从大学毕业开始到2012年，我就是一个人在外面到处闯荡：跑业务、做销售，自己创过业，也当过总经理，中间涉猎过工业、电商、农业、管理培训等很多行业，最终却一事无成！一个又一个梦想被现实无情地灭杀，我无数次想要逃离大城市，做个普通人，随波逐流。

微信的出现改变了我的营销思维，也改变了我的人生轨迹！我抓住了社群这波机会——在杭州，从一无所有，到今天在西湖边拥有一间自己的办公室。

回顾我的社群生涯，从社群营销到社群运营，大致可以分为5个阶段。

第一个阶段：入门小白阶段。这个阶段属于贸易阶段，我没有内容、没有货，只能搭台组织人，花钱请别人来分享。

第二个阶段：技术操作阶段。我自己对微信、微信群有了基本了解，开始教别人怎么去使用微信。

第三个阶段：营销思维萌芽阶段。这是一个相当痛苦的蜕变期，新旧思维不断碰撞，好像有些念头在萌生，却又抓不住！那段时间四处碰壁、到处学习。

第四个阶段：社群营销应用实践探索阶段。从学到用，再到我自己的开创性应用，这个阶段奠定了我后续的发展基础。

第五个阶段：社群运营思维成型。自成体系，自立门派。

第一阶段：入门小白阶段

刚转型时，我没有任何经验，甚至对微信营销、移动互联网一无所知。但我非常渴望能走进互联网，成为互联网营销大军中的一员。渴望有一天我也能像微博上那些大咖一样，用自己的见解去启迪别人；渴望自己也能操盘一次几千万甚至上亿元规模的发售！

要实现这些梦想，就需要学习、需要快速成长，让自己迅速融入互联网营销圈子。我想，反正自己也要学，还不如组织一些人，请老师来讲，跟大家一起学。

在我刚做微信营销的这个阶段，都是请人来做分享。为什么后来我要自己讲课呢？因为我请来的这些嘉宾，大多数都是在分享一些趋势，并没有教授具体的实操方法，对于中小企业来讲，实际上没有起到作用。

于是，我就决定，与其这样，不如自己来讲算了！于是我开启了社群营销生涯的第二个阶段。

第二阶段：技术操作阶段

由于我也是刚刚入行，一开始讲不了太过深奥的内容，更多是停留在基础操作层面，比如怎么注册公众号、公众号的规则有哪些、如何做图文排版、如何进行自动回复、如何去查找个人微信号等。

这个阶段是学习或者教别人使用工具的阶段，大概持续了一年的时间，我成了一个微信操作方面的专家！基本上微信更新的每一个新的功能，我都非常清楚。可以说，当时我对微信功能的应用已经达到极致状态。

一次偶然的机会，我被邀请进入一个名为"新马总裁班"的群，教他们怎么使用微信。这个群里的人都是支付了1.2万美元的老板。通过这个群，我结识了一些来自马来西亚和新加坡的国际好友。之后，他们希望把这些理念和技术带到马来西亚和新加坡，他们邀请我到马来西亚做演讲，打开了我的国际社群之路。

那是我第一次办护照、第一次办签证、第一次出国、第一次坐国际航班。我们当时策划了一个口号："过去，总是世界有，中国才有；今天，中国有，世界才有。"直到今天，如果你到马来西亚，你也一定会听到创业者们说，我是马来西亚移动互联网的启蒙者，微信营销的鼻祖。

之后，微信在马来西亚越来越火，但前期和国内一样，更偏向于基础操作——大量地注册公众号，代别人注册公众号。

随着国际知名度的打开，我也受到越来越多国内企业的关注，陆续接到浙江移动、湖州移动等企业的分享邀请。不过在这个时期，我还依然停留在分享基础操作的阶段。这些知识只能起到普及作用，想要直接带来效益，还是有些难度的。慢慢地，随着我不断学习与提升，随着我的知识体系不断完善，我开始步入第三个阶段。

第三阶段：营销思维萌芽阶段

我经常说一句话："不能保持注意力，就不要吸引注意力。"在第二个阶段，我通过微信群，从国内群到国际群，已经把注意力吸引过来了，但是我没有更多的内容输出给别人，所以也没有办法为他们创造更高的价值，也就没有办法持续吸引他们的注意力。所以，我就到处去学习，学习怎么样才能够有效地把微信变成一种能够真正赚钱的工具。

直到2014年1月，我在克亚老师的生日宴上听了他两个小时的演讲，突然发现，"克亚营销"不正是我一直想要的吗？

我如饥似渴地钻研克亚营销，钻研克亚营销在微信上的应用，近乎痴迷。我将克亚营销应用到微信营销上，让我看到无数可能性，而且这些可能性具有可行性。我不断测试，每一次测试都会给我带来惊喜，这让我增加了无比多的自信。

我开始到处找各种资料，疯狂地学习克亚营销，最后找到了克亚营销弟子班创建的"亚友团"。当时，几位克亚老师的弟子创建了"微营销突击队"。当看到他们把人从微信群导入到YY上做网络会议营销，就能让80多位学员付费8000元时，我非常震惊，也愈发确信，这就是我想要的！

之后，我跟"微营销鹰隼突击队"的几位优秀学员和老师们，在2014年3月底通过微信群的方式，没打一个电话、没发一条短信，就组织了一场每人付费500元且参与人数达200多人的克亚营销嘉年华活动（之前我们组织过一场线下活动，免费都没几个人，而且需要很多销售员去推广）！

可以说，后来我在微信群营销方面的很多应用探索，都基于那个时候奠定的理论基础。那次活动给了我巨大的信心，我觉得这种方式太有效了。关键是成本很低，风险也小，靠脑子、靠智慧，勤于思考就能取得不错的效果。

从 2014 年开始，我基本上放弃了朋友圈，放弃了公众号，专注于通过微信群进行营销。因为在这个方向上，我已经看到了结果，而且都是我实践后得到的结果！我把这个阶段的实践进行总结和归纳，推出了第一本公开发行的作品《微信群》，这部作品是我的处女作，是一本比较基础的社群营销书籍，里面很多方法在今天依然是比较先进的。从策划这本书开始，我就计划把微信社群做成一个系列，做成一个小小的产业。

这就是我的社群营销探索的第三个阶段，在不断的学习中，社群营销思维开始萌芽。

第四阶段：社群营销应用实践探索阶段

接触了克亚营销，补足了自己的短板，接着，我开始做越来越多的尝试。趁着 2014 年知识付费的红利，我在 2014 年 7 月 23 日，创建了第一个付费群"星移社"。

社群的构成是"人 + 话题"，社群的首要问题是内容，内容就是话题。有了话题，就能把对话题有共同需求的人组织起来。为了让这个付费群有价值、有内容，我跟当时的合伙人徐东遥老师在微信群里面分享微营销干货。我们约定，每人每天都要在群里分享一个主题，要连续分享 54 天，每遗漏一天都要接受惩罚。最终通过整整 54 天的分享，我们培养了第一批铁杆粉丝。

通过"星移社"，我积攒了两项资本：**更系统的内容以及种子用户**。有了这两项资本之后，我开始对社群进行迭代和升级，成立了第二个学习型社群"万人迷移动社交零售特训营"。从 2014 年年底到 2017 年，短短 3 年，吸引了 7000 多人，每人付费 2000 元加入我们的社群。

当时，我们将营销思维应用到微信群中，成交率最高的时候达到 35%。我把这两年的社群经验进一步升华，完成了我的第二部作品《引爆微信群》。

这本书于 2018 年 4 月正式上市发行，一经推出，就引起了强烈的反响，迅速成为一部爆款作品。2018 年，在京东上与营销大师的经典作品一起被列入"产品经理必看 6 本营销书籍"榜单；2019 年一直位列"10 大实用市场营销书籍"榜单；到 2020 年 3 月，发行不到两年，已经第 7 次加印。这本书得到了广大互联网创业者、销售人员、互联网运营人员、产品经理的追捧，是一本非常实用的在线销售书籍，帮助数以万计的销售人员提高了销售技能。几万名读者加我的微信来请教社群相关问题。知名自媒体大咖秋叶老师对《引爆微信群》的评价是：每个技巧都写得很细。

随着时间的推移，越来越多的人开始大量地拉群、成交。我们加入的各种各样的群也是越来越多，人们开始变得麻木甚至抵触，成交难度开始变得越来越大。因此，从 2017 年下半年开始，我就在琢磨怎么提高社群的成交率，并由此进入了第五个阶段。

第五阶段：社群运营思维成型，自成体系，自立门派

为了让更多创业者掌握社群营销的技巧，用社群创造价值，2017 年，我开始筹备新的社群：精壹门。这个名字取自于《十六字心传》：**人心惟危、道心惟微、惟精惟一、允执厥中**。我们通过社群做营销，就是要追求精细、致精致一的境界。

之所以用"精壹门"作为社群名字，是因为我特别希望向广大互联网创业者传递我们的"精一精神"。我想让他们知道，每个互联网创业者，不管出身如何，也不论长相如何，只要有精耕细作、勤劳智富的精神，有追求致精致一的"精一精神"，就是有机会的！

为了筹办"精壹门"，我从2017年开始进行研究，一直到2018年4月。在这个过程中，我第一次尝试了全新的社群运营模式，通过3天的时间，招募了600多位铁杆粉丝，收获了近72万元的现金。这次活动让我非常激动，并不是因为我们收了这些钱，而是因为我又发现了一种全新的发售方式，经过前期运营阶段的充分培育，后续的发售可以很自然地取得更高的转化率。

从2018年4月开启招募，到2019年9月，精壹门吸纳了1300多位来自全国各地对社群感兴趣的伙伴。他们大多数都是冲着精壹门自成体系的社群运营系统来的，这里面包括我们的三大"镇群之宝"：《社群序列式发售》《社群营销软件应用思维》《社群营销五步路线图》。

这个阶段是我的收获期，很多核心理论都是在这个时期沉淀出来的，并且经过了大量的实战检验，形成了一系列的社群营销公式。大家只要按照公式来操作，就能够有满意的收获。

比如，从营销转化的角度，我们可以把营销型社群分为三大类：流量群、转化群、服务群。

先构建一个流量群，培养用户的信任；等需要做成交的时候，再建一个转化群；成交结束之后，我们再把成交用户导入服务群里进行维护。

流量群是长期保留的，日常简单维护即可；转化群是临时的，组织完成交活动后即解散；服务群是长期的，主要用于付费客户的深度维护。

针对老群不活跃的情况，升级迭代是一个不错的选择，通过设置门槛，筛选出活跃的客户进行二次维护。

再比如，关于成交流程的"必定成交 5 步法"是一个通用性很强的成交流程，通过这 5 步，你可以实现不推、不求、不逼的自然成交。

第一步：筛选极度"饥渴"的客户。
第二步：打造一个无法拒绝的成交主张。
第三步：制作极具诱惑力的文案或者图片。
第四步：对用户进行培育。
第五步：通过微信群、朋友圈、自媒体等渠道进行分发。

在这几年的社群运营过程中，我们曾经犯过很多错，踩了很多坑。以上这些成果都经过了实战检验，并且被证明是有效的。我也一直想把它们尽快地推广开来，让更多人能从中受益，于是就有了这部作品。

希望本书能让我们成为伙伴！结伴同行，一起赢！我相信勤劳"智"富，我相信心能载物！

老壹
写于西湖风景名胜区精壹门

推 荐 阅 读

"微商"系列图书:为各个阶段、各种形式的微商提供最佳指导方案